La estrategia del Fútbol aplicada a los negocios

Juan José Puente   1 2 3 4 5 6 7 8 9 ▶

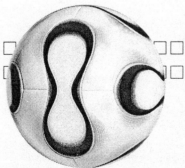

EDICIONES
Lea

**La estrategia del fútbol
aplicada a los negocios**
es editado por
EDICIONES LEA S.A.
Charcas 5066 C1425BOD
Ciudad de Buenos Aires, Argentina.
E-mail: info@edicioneslea.com
Web: www.edicioneslea.com

ISBN 978-987-1257-50-8

Primera edición, primera reimpresión, 2000 ejemplares.
Impreso en Argentina.
Esta edición se terminó de imprimir en
Mayo de 2010 en Printing Books.

Puente, Juan José
    La estrategia del fútbol. - 1a ed. 1a reimp. - Buenos Aires :
    Ediciones Lea, 2010.
    160 p. ; 22x14 cm. - (Emprendedores; 1)

    ISBN 978-987-1257-50-8

    1. Estrategias Empresarial. I. Título
    CDD 658.1

> "El deporte no construye el carácter, lo revela".
>
> Heywood Hale Broun
> (Periodista deportivo, actor
> y escritor estadounidense)

Salir a la cancha

Se aprestan los últimos detalles, el vestuario ruge y calla al mismo tiempo. Los masajistas hacen su trabajo sobre la musculatura de quienes minutos después escribirán una nueva página en la historia del fútbol, los utileros cuentan cada elemento una vez más para evitar sorpresas, los fuertes olores a linimentos y cremas se mezclan con el vapor de alguna ducha abierta y se cuelan por todos los rincones.

Las últimas indicaciones tácticas resuenan en la cabeza de algún jugador aplicado, en otros siguen resonando las consignas motivadoras que el DT dejó escapar con la simpleza de las cosas que se dicen minutos antes de una situación límite, pero luego de haberlas meditado largo rato. Algunos ni siquiera piensan en nada y mantienen su mente en blanco.

El grupo ya comenzó a desandar el camino a través de la manga y como una incitación irresistible asoma el final del túnel. Apenas los primeros asomen la cabeza fuera del cilindro inflable caerán sobre ellos como ametralladoras los flashes de las cámaras y los micrófonos de los agazapados hombres de prensa. Un trueno resonará en el estadio como si los miles de expectantes hinchas fueran una sola voz escondida detrás de una lluvia multicolor de papeles y bombas de estruendo.

Están los que entran con el pie derecho pegando un salto ridículo, los que se persignan una y otra vez, los que se tocan el tatuaje que lucen del lado del corazón. Otros levantan los brazos ante aquellos que, saben, lo esperaban y el resto comenzará a tomar su paciente lugar en el banco.

Luego una moneda que gira en el aire, echando ya la suerte de unos cuantos que todavía la ignoran, el silbato inicial que dispara la acción y comienza a rodar el balón. Allí está el trabajo de toda la semana, la práctica, el sacrificio, las tácticas y estrategias mil veces planificadas y repetidas. Como en todos los aspectos de la vida, es el momento de la verdad. O aún mejor, citando a uno de los grandes estrategas de una galería innumerable que visitarán estás páginas: "La única verdad está sobre el verde césped", decía el recordado Ángel Labruna y no estamos aquí para contradecir semejante verdad.

Capítulo 1

Del Pizarrón a la realidad: ¿En qué se parecen el fútbol y los desafíos de la vida diaria?

> "Quien quiera entender cómo funciona el mundo deberá entender el fútbol".
>
> Roberto Perfumo
> (Ex jugador de la Selección Nacional Argentina y actual periodista deportivo)

Un mercado superpoblado de ofertas, una competencia sin pausa y una renovación casi meteórica de nuevas teorías que llevan al éxito empresarial: escenario que exige a los más grandes motivadores que pasean sus consejos por las salas de reuniones de las multinacionales, encontrar nuevos y efectivos ejemplos en la vida diaria para formar verdaderos equipos empapados de mística y empuje. Estos *gurúes* de las nuevas tendencias organizacionales recurren a los más diversos paralelismos sin saber que la solución está en boca de todos sus oyentes. Es en el *break*, en el respiro que dan las maratónicas charlas, donde los asistentes aprovechan para cruzarse en una conversación más amena y allí está la palabra mágica para colarse en una cita tan catedrática: Fútbol. Y no es que sea el tema obligado de los lunes, ya no. Las citas deportivas están esperándonos en nuestros televisores todos los días de la semana: Competencias nacionales, continentales, intercontinentales, amistosos, ligas de todos los países y allí está el fanático y el no tanto para dejarse llevar un par de horas detrás de un balón para después poder comentar tal o cual jugada en su trabajo. Imposible es ya negarlo: El fútbol es el tema de socialización más recurrente en todos los ámbitos de la vida y no por nada se dice libremente que somos treinta y tantos millones de Directores Técnicos.

Pero claro que muchos dirán ¿cómo es que un pasatiempo puede darme elementos para manejarme en los negocios y hasta, aún más, en la vida misma? Y la respuesta es que el fútbol no es solo una pasión de multitudes porque provoca pasiones incontrolables y mueve toneladas de dinero. No, el fútbol es más que el espectáculo del siglo XXI. El fútbol es una escuela de liderazgo, una fábrica constante de nuevas tácticas y estrategias, y allí en el campo de juego nos están esperando las lecciones más claras de espíritu de superación, comunicación, coordinación, solidaridad y juego en equipo, lealtad y, por qué no también, de cobardía y caos organizativo.

> "Lo que más sé acerca de moral y de obligaciones de los hombres se lo debo al fútbol".
>
> Albert Camus
> (Escritor, filósofo y arquero argelino)

Son nuevos tiempos, como nuevos son los desafíos. Sin embargo, las herramientas para hacer frente a intrincados retos empresariales o a las más pequeñas minucias cotidianas, están esperándonos en algo a simple vista tan sencillo y popular como el fútbol. Es momento de que las tácticas y estrategias del más convocante de los deportes deje el pizarrón y tome significación en todos los terrenos de la vida. Realmente el fútbol es capaz de introducir nuevos conceptos y modalidades en la conducción de equipos de trabajo para romper con las formas convencionales de pensamiento. Y acaso ¿hay un mejor lugar para encarar esta nueva manera de ver los desafíos que calzándonos imaginariamente un buzo de Director Técnico?

Más de una vez nos vimos sorprendidos por los logros de estos misteriosos sujetos que parecen saberlo todo sobre lo que está pasando dentro del campo de juego. Allí están, pegados a la línea del lateral, parándose y sentándose tantas veces como el partido lo amerite, fumando o comiéndose las uñas, dando vueltas como un león enjaulado a punto de saltar a la cancha para sacudirle la modorra a uno de sus dirigidos y dejando la garganta en cada indicación que esperan llegue con claridad al otro lado del terreno de juego. Son estos mismos personajes los que más de una vez nos dejan sorprendidos. Es cuando toman bajo su dirección equipos que se caen a pedazos y silenciosamente, un tiempo después, hacen de esa ruina un imperio de buen fútbol y alegría que convoca multitudes y atrae como nadie la atención de los medios de comunicación. Y es en ese momento cuando nos damos cuenta de que esa persona, esa personalidad debajo del buzo de entrenador no sólo sabe sobre técnicas para pegarle al balón, funcionamientos defensivos o secretos frente al arco. Ese técnico esconde verdaderos secretos para transformar el barro en oro y lo que es más importante aún, sabe cómo hacer que una veintena de sujetos (hasta un tiempo atrás extraños) entiendan a la perfección aquello que tiene para enseñar.

¿Y Usted cree que es más sencillo ser DT que estar al frente de un equipo de trabajo en una multinacional? Veamos: Un DT se hace cargo de un equipo deportivo planteándose como objetivo llevarlo a los máximos niveles de desempeño. Debe, como primer paso, hacer una meditada Selección de los refuerzos que piensa traer a su nuevo equipo (el club confía su patrimonio a este sujeto); debe determinar un equipo titular sobre, casi siempre, dos equipos posibles; es también parte de su trabajo mantener una comunicación fluida y clara con todo el plantel y entre sus objetivos está además el de convencer a todo su equipo con un objetivo visible, posible y tentador. Claro que también debe transitar el exigente camino hacia el objetivo final en un clima de armonía y compañerismo. Todo eso, sin dejar de tener en cuenta factores externos como el rival (¡vaya detalle!), la prensa o los impacientes hinchas que le pedirán buenos resultados desde el minuto antes de salir por primera vez a la cancha. ¿No son todas estas responsabilidades que debe asumir un jefe de equipo en el terreno comercial? ¿no son éstos desafíos con los que nos encontramos a cada paso?

> "Hay quienes sostienen que el fútbol no tiene nada que ver con la vida del hombre, con sus cosas más esenciales. Desconozco cuánto sabe esa gente de la vida. Pero de algo estoy seguro: no saben nada de fútbol".
>
> Eduardo Sacheri
> (Escritor)

Selección, motivación, comunicación eficiente, proyección de valores y misión empresarial, formación de equipos altamente competitivos, diseño de estrategias, innovación: Todo ello podemos verlo espejado en la figura de un DT. Pero ¿estamos verdaderamente preparados para asumir este desafío? La tarea no será sencilla, ¿no es acaso el fútbol la competencia profesional de elite más exigente en el planeta? Allí están esperando media docena de candidatos que quieren ponerse nuestro buzo y se lo probarán cada vez que tengamos dos derrotas seguidas con la complicidad de los medios de comunicación y el empuje de los poco razonables fanáticos. Debemos tomar decisiones claves en décimas de segundos, con la adrenalina golpeándonos la cabeza y en el mismo escenario de juego. Nada que no debamos enfrentar para ser exitosos en el ámbito empresarial.

A punto estás de entrar a la más grande escuela del mundo guiado por los que más saben de la materia. Tal vez Carlos Bianchi, Marcelo Bielsa, Daniel Passarella, Carlos Bilardo, César Luis Menotti o José Pekerman, verdaderos campeones del liderazgo, tengan algún secreto a mano. Si estás de acuerdo, sólo debes estampar imaginariamente una firma, probarte el buzo de DT, armarte de valor y dar vuelta la página. ¿Qué esperas?

✔ El fútbol es el tema de socialización más recurrente en todos los ámbitos de la vida.

✔ El fútbol es una escuela de liderazgo, una fábrica constante de nuevas tácticas y estrategias y allí en el campo de juego nos están esperando las lecciones más claras de espíritu de superación, comunicación, coordinación, solidaridad y juego en equipo, lealtad y por qué no también de cobardía y caos organizativo.

✔ El fútbol es capaz de introducir nuevos conceptos y modalidades en la conducción de equipos de trabajo para romper con las formas convencionales de pensamiento.

✔ Selección, motivación, comunicación eficiente, proyección de valores y misión empresarial, formación de equipos altamente competitivos, diseño de estrategias, innovación: todo ello podemos verlo espejado en la figura de un DT.

Capítulo 2

El lugar del DT:
El *coach* invisible
y el control del ego

¿Qué es un Director Técnico? ¿Cuál es su función al frente de un grupo? ¿Cuáles son los límites de su intervención? ¿Qué parte se lleva del éxito o del fracaso una vez terminado su trabajo? El *Diccionario Enciclopédico de Fútbol* del Diario Deportivo *Olé* lo define como el "responsable de la formación y preparación del equipo, quien fija su estrategia y táctica. Es el jefe del cuerpo técnico, integrado por especialistas en otras áreas relativas al entrenamiento y puesta a punto de los jugadores. Los hay de variados estilos. Antes se los llamaba modestamente entrenadores (...)". Sin embargo, su figura parece agigantarse en importancia y responsabilidad con el paso del tiempo y la hiper profesionalización del deporte y es el escritor Roberto Fontanarrosa quién sagazmente logra captar ese momento de quiebre en la figura del DT: "La influencia real o aparente de Lorenzo sobre ese Boca que, sin muchos lujos pero con terquedad manifiesta, llegó a conquistar ni más ni menos que la Copa Intercontinental en el 78' (...) llevó a que fuera denominado el "Boca de Lorenzo", acentuando la importancia que, desde hacía tiempo, cobraban los Directores Técnicos. (...) los equipos pasarían a ser el "Boca de Feola", el "Estudiantes de Zubeldía" o el "Racing de Pizzutti". (...) en los años en que yo empecé a ver e interesarme por el fútbol, prácticamente no se conocían los nombres de los Técnicos". [1]

"Antes existía el entrenador, y nadie le prestaba mayor atención. El entrenador murió, calladito la boca, cuando el juego dejó de ser juego y el fútbol profesional necesitó una tecnocracia del orden.

Entonces nació el Director Técnico, con la misión de evitar la improvisación, controlar la libertad y elevar al máximo el rendimiento de los jugadores, obligados a convertirse en disciplinados atletas.

El entrenador decía: Vamos a jugar. El técnico dice: Vamos a trabajar

Los periodistas lo acribillan en la conferencia de prensa, cuando el encuentro termina. El técnico jamás cuenta el secreto de sus victorias, aunque formula admirables explicaciones de sus derrotas (...)

Eduardo Galeano
(Escritor)

¿Pero es que el DT resulta finalmente más importante que el propio jugador que corre detrás de la pelota en el campo de juego? Por lo menos, alguien que sabe mucho de esto, el experimentado periodista deportivo Enrique Macaya Márquez cree que el asunto no es tan sencillo: "En la competencia técnico–jugador todo dependerá de la capacidad de cada uno para ejercer su propio rol. Un técnico con malos jugadores, por más cosas que pueda imaginar, hacer o decir, limitará su esperanza a un terreno de excepción para la victoria.

Once buenos jugadores pueden resolver un problema; en ese sentido el técnico no aparece como una figura fundamental. No obstante, si fuera posible imaginar dos equipos con jugadores de capacidad parecida, con una preparación física pareja, no determinante, y una respuesta psicológica que no marcara diferenta, ganaría el equipo que tuviera el mejor Director Técnico". [2]

"Los entrenadores son formadores de grupos y ordenadores tácticos dentro de la cancha; su incidencia es antes del partido planificando algunos movimientos del rival, organizando marcas y estableciendo prioridades (tanto para atacar como para defender); cuando la pelota empieza a rodar solo queda estar atento para hacer bien los cambios, el resto es cosa juzgada".

Alfio "Coco" Basile
(DT argentino)

¿Y cuál es entonces la función del DT? Diferencias más o menos, cada Directore Técnico tiene bajo su supervisión similares tareas: debe fijar los horarios de entrenamientos, la rutina, al mismo tiempo que hace las veces de psicólogo trabajando sobre la motivación de sus subordinados, se ocupa en detalle de conocer las cualidades de sus jugadores y hasta se anima a aconsejar y seguirlos en los problemas más cotidianos. También dedica tiempo a analizar a los competidores y, por último y fundamental, es él quién traza el objetivo a conseguir.

"El técnico gana o pierde partidos durante la semana; en ese lapso tiene un 95% de importancia: la de inculcar la actitud al jugador, pulirle defectos, y armar el trabajo colectivo. De lunes a sábado el jugador tiene muy poca importancia, debe tener un profesionalismo mínimo para dedicarse a desarrollar lo que el técnico le pide. Pero el día del partido es a la inversa: un 95% de la responsabilidad de ganar es del jugador".

José Pekerman
(ex DT de la Selección Argentina, entrevistado por el Site de la Confederación Sudamericana de Fútbol)

Un gerente o un director de área tiene asignadas tareas muy similares si quiere lograr los objetivos que se plantea: debe descubrir y corregir los hábitos inadecuados de sus subordinados, coordinar acciones conjuntas de todos los miembros del equipo, diseñar estrategias para atacar al competidor o para defenderse de éste y por sobre todas las cosas, elevar la confianza de aquellos que están bajo su responsabilidad. Uno y otro se necesitan.

Sin embargo, hay un detalle que no debemos pasar por alto y que tal vez sea la clave de este pasaje: Los resultados no dependen solo del gerente a cargo del equipo, tampoco los subordinados pueden recorrer el camino por sí solos. Por ello el secreto está en la relación que establece el DT con su equipo o en su caso, el gerente con sus subordinados.

Nuevamente, Macaya Márquez tiene la respuesta y nos dice qué condiciones debe tener un buen técnico: "Un buen técnico es aquel que tiene conocimiento y que sabe transmitirlo. Y saber transmitirlo no es solo disponer de palabras bellas o adecuadas sino, además, saber cuál es el lugar donde esas palabras deben ser expresadas y en qué momento corresponde hacerlo. Asimismo, debe saber cómo mantener e incentivar la capacidad grupal". [3]

Por coincidencia, el director de un equipo de negocios que busque ganarse la confianza de la gente a su cargo, debería trabajar y aprender en conjunto con su equipo como en una verdadera unidad y por último, y no menos importante, el mismo director debería una vez fijado los objetivos, si estos fueron claramente transmitidos, poder quitarse del medio (y este es un claro ejercicio de control del ego, aunque más no sea temporal) para que su equipo se encargue de seguir adelante con el camino. Sabido es que un trabajador que opera bajo la cercana observación de su jefe se comporta de modo diferente que en ausencia de éste. Incluso en muchos casos (y cuando realmente el director hizo bien su parte) el trabajador rinde y se concentra más porque ha dejado de lado el miedo a equivocarse que le quita espontaneidad y soltura.

"Un entrenador debe ser como Dios: estar en todos los sitios, pero nunca visible".

Juan Manuel Lillo
(Entrenador español)

✔ Los resultados no dependen solo del gerente a cargo del equipo, tampoco los subordinados pueden recorrer el camino por sí solos. Por ello el secreto está en la relación que establece el DT con su equipo o en su caso, el gerente con sus subordinados.

✔ Un buen técnico es aquel que tiene conocimiento y que sabe trasmitirlo. Tienen buena oratoria pero además saben cuándo y dónde decir las cosas.

✔ Si un DT hace bien su trabajo podría ,una vez trasmitido claramente su mensaje, quitarse del medio para que sus dirigidos actúen con libertad.

Notas:

1. Roberto Fontanarrosa. *No te vayas, campeón. Equipos memorables del fútbol argentino.* Editorial Sudamericana. 2000.
2. Enrique Macaya Márquez. *Mi visión del fútbol.* Grupo Editorial Temas. 1996.
3. Enrique Macaya Márquez. *Mi visión del fútbol.* Op. cit.

Capítulo 3

¿Quién tiene el poder? Dos escuelas: Disciplinamiento vs. Participación

Páginas atrás afirmamos que una de las primeras claves en el manejo de equipos, está fundada en la relación que establece el director con sus dirigidos. En este sentido existen variables, modos, casi podría decirse escuelas, y son estos modos de pararse frente a los dirigidos los que nos van a dar como resultantes climas internos diametralmente opuestos. En una vereda podemos encontrar las posturas de tipo autoritarias y de la otra un clima más participativo. Pero ¿qué características tiene cada caso?

Quien plantea un clima autoritario, ya sea un director de un equipo de ventas o un Director Técnico, lo hace porque todavía no cuenta con la confianza de sus empleados y tal vez ni se esforzará en conseguirla. Por ello implanta un ambiente de temor en donde la interacción entre los superiores y los subordinados es casi nula y, por supuesto, las decisiones son tomadas unilateralmente por el jefe sin tener en cuenta las verdaderas necesidades de los subordinados.

Aquel que, en cambio, apuesta por un clima participativo, da lugar a la consulta y basa su postura en la confianza existente entre él y sus subordinados. En esta propuesta existe interacción constante entre ambas partes, se da lugar a la delegación de tareas e incluso les es permitido a los subordinados tomar decisiones de peso.

En el primero de los casos se hace una detentación de poder y las reglas las marca firmemente quien está a cargo del grupo, en la segunda opción, en cambio, el poder está diluido en la figura de un equipo. Pero ¿quién realmente tiene el poder? Para llegar a tamaña respuesta deberíamos ver como reacciona el grupo ante cada posición de la jefatura.

Autoritarismo:
La escuela de disciplina

> "Hay oscuros adiestradores de talentos que convierten a los futbolistas en funcionarios".
>
> Jorge Valdano
> (DT argentino)

Tal vez la frase de Valdano que abre este apartado suene un poco violenta pero la situación es real en más de un caso. Las tremendas presiones que sufre quien está al frente de un equipo hacen que ni bien esta persona se hace cargo de un proyecto, se presente ante sus dirigidos haciendo gala de su lugar de director. Y es que muchas veces se cree erróneamente que el poder está relacionado con el uso de la fuerza, con la dominación, con imponer al otro nuestras ideas cuando en realidad se trata de trasmitirles el mensaje de tal manera que sean convencidos por propia voluntad.

Este nicho está ocupado por aquellos Directores Técnicos que llevan a todos lados adonde van su libreto y no se salen de él ni aún cuando el barco comienza a hacer agua. Esto podría verse como un valor positivo, como una personalidad que tiene bien en claro su forma de trabajo. Pero, ¡y vaya detalle!, debemos tener en cuenta que trabajamos con otros y que nuestros logros dependen del entendimiento que logremos con nuestros dirigidos. Un Director Técnico con estas características planta a sus jugadores en el campo en posiciones que para él son cómodas y funcionales sin preguntarle ni siquiera una vez al mismo jugador si se siente cómodo. Una figura así puede contar en su plantel con un volante de creación pero si él necesita alguien más atrasado en el campo para la marca seguramente lo bajará hasta la posición que le sea más necesaria. Claro que cuando este sujeto no rinda en la nueva e improvisada posición la culpa será del jugador y nunca del Director Técnico que no supo ver las condiciones más óptimas para que su subordinado rinda al máximo de su capacidad.

Un gerente a cargo de un grupo con estas características transitará por los mismo terrenos del abuso de poder. Sus órdenes deberán ser cumplidas porque sí, porque él lo dice, o porque él es el jefe. "¡No me van ustedes a enseñar a mí cómo se hace!", es una respuesta recurrente en los sujetos de esta tipología que no dejan participar a nadie en las decisiones.

Incluso puede que por un tiempo un director de estas características lleve con mano firme a su equipo y que a pesar de la estructura rígida se trabaje en un ambiente estabilizado y fuertemente estructurado. Sin embargo, solo es cuestión de tiempo para que todo explote. Y un gran secreto del que se valen quienes deciden implantar un clima del tipo autoritario está en la Selección: un director con estas características buscará rodearse de un equipo que comparta sus mismas ideas y que en caso de no compartirlas, sea lo suficientemente sumiso para acatar todas sus decisiones sin cuestionarlas.

Lo cierto, es que ya sea un DT o un Gerente, él mismo tiene los días contados porque no está pisando sobre suelo firme, construido sobre materiales nobles. Quien detenta el poder de esta manera no escucha consejos, no cambia de idea, mantiene los errores ocultos para no mostrar flaquezas y cuando algo anda mal busca culpables entre sus dirigidos. Alguien así, no convence con su discurso sino que, por el contrario, abruma y logra la atención de un subordinado que lo obedece pero lo hace con enojo y sin reconocer su autoridad. En un clima tan cerrado el director ve en los demás un riesgo porque no tiene contacto genuino con el resto y por lo tanto se maneja a ciegas y el dirigido trabaja por debajo de su potencial, está más presionado y expuesto a errores y espera con ansia la caída de su director.

Participación: a puertas abiertas

"El principio de autoridad debe equilibrar poder y respeto; el entrenador que abusa de las órdenes es el que no sabe convencer. Lo que el jugador pide son respuestas a sus problemas, y el maestro que encuentre esas soluciones no necesitará gritar porque habrá ganado el mando con conocimientos". [4]

Es claro que quien diseña las estrategias y los planes a seguir en un equipo es el director, pero esa estrategia no es más (ni menos, claro) que una columna en la cual apoyarse ya que en el mismísimo terreno de juego será el propio jugador quien decida sobre la marcha de que manera llevarla adelante. De esta situación se concluye que el Director Técnico debe plantear la estrategia como un consejo a seguir y con la suficiente flexibilidad para que cada jugador la adopte de la manera que mejor le calce.

Por paralelismo vemos que un verdadero director es aquel que incita a sus empleados a que tomen decisiones, escucha sus opiniones y de esa manera construye el liderazgo junto a ellos.

Es bueno remarcar una vez más que hoy los jefes no solo tienen que obtener buenos resultados, porque el éxito también está en ganarse la confianza del equipo que se dirige.

Dirigir a las personas es lo contrario de intentar controlarlas. Alguien que sabe y mucho de esto, el periodista y ex jugador Roberto Perfumo, rescata que: "El técnico hace docencia orientando.

Le pide al dos que cubra al cuatro, pero también le puede sugerir: 'si te vas vos jugá como ocho y si pasás al área contraria pensá que sos un nueve y tratá de convertir un gol. No te preocupes por tu función original". Ahí aprende a crear porque está liberando tácticamente". [5]

"La única táctica coherente que existe para mí es la que se adapta a las características esenciales de los jugadores. Creo que si se adapta la táctica a las características de los jugadores se puede jugar de cualquier manera, lo que no se puede hacer es una cosa que no esté en la naturaleza del jugador. No se le puede decir a un jugador que tiene limitaciones técnicas "sé técnico", porque eso es imposible. Uno debe preguntarse: "¿cuál es la característica esencial de este jugador?". A partir de allí podemos buscar la manera de que recupere la pelota, de darle otros elementos. Pero siempre adaptándonos a esas características del jugador. Debemos proponer un plan que respalde esa singularidad".

Alejandro Apo
(Periodista)

Claro que este clima abierto es más propicio, pero para implementarlo es necesario tomar una serie de decisiones y medidas que alienten este tipo de relación entre el director y los dirigidos. En primer lugar debemos dejar de lado la creencia de que un conflicto de ideas es sinónimo de conflicto a secas del tipo personal. En todo caso la libertad para plantear y discutir ideas conflictivas es vital para el descubrimiento de novedosas soluciones.

Otra idea instalada en la mayoría de las organizaciones es la creencia de que aquellos que ocupan cargos directivos deben tener respuestas adecuadas a todas las situaciones y tienen terminantemente prohibido equivocarse. Por el contrario, un líder que reconoce un error propio sale más fortalecido de su entorno y marca tendencia renunciando voluntariamente a los privilegios que le otorga su cargo. Así se instala la idea de que todas las propuestas serán recibidas sin miedo y los subordinados renuncian a callar sus opiniones.

Por último, un director que planea instalar este clima abierto debería contar además con la capacidad de seducir con su discurso a todo el equipo para que éste asuma el compromiso inalterable de seguir un objetivo conjunto aún gozando de un máximo de libertad en la toma de decisiones.

Una organización con clima abierto goza de dinamismo, hace fluir la comunicación en todos los niveles y de todas las formas posibles (ascendente–descendente, horizontal–vertical), se basa en la confianza y crea verdaderos equipos de trabajo que soportan aún los desafíos más duros. Para ser más gráficos traigamos a recuerdo dos ejemplos de conducción en la Dirección Técnica: de un lado, Daniel Passarella al frente de la Selección Nacional en 1994 imponiendo un rigor y un disciplinamiento marcado, tanto puertas adentro como puertas afuera del grupo, postura que le redituó más de un encontronazo con algún jugador y una tirante relación con la prensa y los hinchas. En la otra vereda, José Pekerman al frente, por años, de las selecciones juveniles y en el último Mundial (Alemania 2006) con la Selección mayor, con una política de puertas abiertas para la prensa e incluso permitiendo (lo que no es muy habitual) la visita de las familias de los jugadores en el lugar de concentración y la entrada de aficionados que se amontonaban para ver las prácticas. El resultado en este último caso fue un grupo con mística legítima y sin fisuras, el cariño del público y el reconocimiento de la prensa.

Notas:

4. Jorge Valdano. *El miedo escénico y otras hierbas*. Ed. Aguilar. 2003.
5. Roberto Perfumo. *Jugar al Fútbol*. Colección Los Maestros. Perfil Libros. 1997.

✔ Existen dos modos de pararse frente a los dirigidos que nos van a dar como resultantes climas internos diametralmente opuestos: Por un lado la postura de tipo autoritaria y por el otro la propuesta participativa.

✔ Quien plantea un clima autoritario, lo hace porque todavía no cuenta con la confianza de sus empleados y tal vez ni se esforzará en conseguirla.

✔ Aquel que apuesta por un clima participativo da lugar a la consulta y basa su postura en la confianza existente entre él y sus subordinados.

✔ Muchas veces se cree erróneamente que el poder está relacionado con el uso de la fuerza, con la dominación, con imponer al otro nuestras ideas cuando en realidad se trata de trasmitirles el mensaje de tal manera que sean convencidos por propia voluntad.

✔ Un director con características autoritarias buscará rodearse de un equipo que comparta sus mismas ideas y que en caso de no compartirlas, sea lo suficientemente sumiso para acatar todas sus decisiones sin cuestionarlas.

✔ Un director autoritario no convence con su discurso sino que por el contrario abruma y logra la atención de un subordinado que lo obedece pero lo hace con enojo y sin reconocer su autoridad.

✔ Un Director participativo es aquel que incita a sus empleados a que tomen decisiones, escucha sus opiniones y de esa manera construye el liderazgo junto a ellos.

✔ La libertad para plantear y discutir ideas conflictivas es vital para el descubrimiento de novedosas soluciones.

✔ Un líder que reconoce un error propio sale más fortalecido de su entorno y marca tendencia. Así se instala la idea de que todas las propuestas serán recibidas sin miedo y los subordinados renuncian a callar sus opiniones.

✔ Una organización con clima abierto goza de dinamismo, hace fluir la comunicación en todos los niveles y de todas las formas posibles (ascendente–descendente, horizontal–vertical), se basa en la confianza y crea verdaderos equipos de trabajo que soportan aún los desafíos más duros.

Capítulo 4

La ventaja de saber elegir.
El DT como seleccionador

"La primera virtud de un Director Técnico es saber elegir a los jugadores. El jugador es el que decide. No hay grandes equipos sin grandes jugadores". [6]

La conformación de un gran equipo comienza desde el proceso de Selección. Es en este momento cuando las Compañías o los clubes, en su caso, ponen a disposición del proyecto de equipo su patrimonio. Por ello es tal la importancia que en las organizaciones modernas se le dedica a esta instancia; el objetivo inmediato es determinar con la mayor precisión posible las habilidades que debería poseer el candidato, las tareas que el mismo debería realizar y entonces sí salir en la búsqueda del sujeto más competente para el puesto.

Un Director Técnico inteligente busca para su equipo a los mejores en cada posición, consciente de que son estos elegidos quienes, más adelante, deberán traducir su mensaje en una cancha de fútbol. El director de negocios debería seguir este ejemplo y no rodearse de aduladores incapaces ni personal poco capacitado más allá de las simpatías y los compromisos adquiridos. Para ambos casos se necesita de un buen caudal de información para evitar caer en errores.

Recurriendo a la espontaneidad que caracteriza a algunos hombres del fútbol podríamos citar al entrenador inglés Dave Basset quien, en medio de un proceso de Selección, sentenció: "Cuando estás construyendo un equipo, buscas buenos jugadores, no muchachos para casar a tus hijas". Y según el escritor inglés Nick Hornby esta instancia de Selección debería ser mucho más sencilla de lo que se plantea. Por lo menos eso es lo que deja ver en su novela *Fiebre en las gradas* cuando afirma: "Una de las grandezas del deporte es su cruel claridad: no existe, por ejemplo, un mal corredor de los cien metros lisos, ni un lamentable defensa central con una suerte tremenda. En el deporte, las cosas están más claras que el agua. No existe un centrodelantero genial que se muera de hambre en una buhardilla". En conclusión, diríamos que tanto los talentosos como los ineptos dan muestras constantes de su condición y solo nos queda observarlos para que no nos hagan pasar uno por otro".

"¿Cuáles son las 5 virtudes más preciadas en un jugador? Primero, la técnica; segundo, una buena condición física. Tercero, dureza psicológica, la que le permite entregar su máximo esfuerzo físico. Cuarto, la vocación de querer jugar siempre, es decir un jugador concentrado en lo que tiene que hacer, que no discute un arbitraje, no pelea con el adversario, sino que entrega todo. Y la quinta, muy importante, es entender que lo colectivo está siempre sobre lo individual".

José Pekerman

Pero aquí se plantea la segunda cuestión: ¿Sólo necesitamos de sujetos talentosos? ¿Es que con una suma de talentos conformaremos un gran equipo? La respuesta es, sin dudarlo: no. Una superestrella no suma por sí sola a un conjunto y en todo caso es mejor alguien que balancee su talento con la capacidad de sumarse a un juego de conjunto. Y es que debemos tener en cuenta otro punto clave para el proceso de Selección: la armonización de las partes.

Muchas veces las Compañías cometen el grave error de estudiar solamente las capacidades individuales del candidato pero ¿cuánto tiempo dedican a analizar su entorno? ¿Se detienen por un momento a analizar cómo funcionarán las capacidades de este individuo dentro del equipo en formación y en relación con los elementos con los que debe integrarse?

Tomemos por caso dos situaciones contrapuestas: En el primer caso podemos traer a la memoria el fatídico 0–5 en contra que recibió la Selección Argentina dirigida por Alfio Basile, como local y frente a la Selección de Colombia a poco de finalizar la eliminatoria para el Mundial de USA 94'. Este equipo venía bajando su nivel y estaba poniendo en juego su clasificación para el nombrado Mundial, pero era algo normal teniendo en cuenta que se trataba de un equipo que ya había pasado por su punto más alto (obtuvo dos Copas América y se mantuvo invicto durante 33 encuentros). Sin embargo, y en parte debido a la presión de los medios, que magnificaron la derrota con la Selección colombiana, Basile cedió a los deseos del entorno y convocó a Diego Armando Maradona para integrar el plantel, un Maradona alejado de su plenitud física y que llegaba con todo lo que significa su figura para sacudir a un plantel que contaba con una base estable. Y con este razonamiento no se está desmereciendo la figura de Maradona (estandarte en los planteles de los dos Mundiales inmediatamente anteriores). Lo que se plantea es: ¿se tuvo en cuenta el entorno al que iba a ser integrado tamaña figura o simplemente se recurrió a él como quién da un manotazo de ahogado? Lo cierto es que –según cuenta la historia– su descalificación por doping en el Mundial de Usa 94' minó el ánimo del equipo y lo hizo caer en la derrota. Como contraposición tenemos el más reciente caso de José Pekerman y su seleccionado de Alemania 2006. En esta situación, y cuando la Selección tampoco convencía al público en los partidos preparatorios para la gran competencia, comenzaron a sonar voces de reclamo que pedían la incorporación de Juan Sebastián Verón al plantel. El talentoso volante ofensivo había sido uno de los referentes en los planteles de la Selección Nacional entre 1996 y hasta entrado el año 2000, sin embargo Pekerman estaba al tanto de que su figura no era bien vista por parte del equipo y decidió no convocarlo y resguardar la integridad de un plantel ya conformado.

Teniendo en cuenta lo visto podemos decir que el perfil de complementariedad de un candidato a veces es más importante que sus mismas capacidades individuales. Tranquilamente podemos incorporar a alguien con buen *feeling* con el grupo aún si sus competencias profesionales no están del todo desarrolladas y es que su armoniosa integración hará que termine de desarrollarse en un entorno favorable que lo potencia. Trayendo a cuenta nuevamente a los seleccionados Nacionales podemos recordar la incorporación al plantel de Daniel Passarella, en 1994, de Germán Burgos como arquero titular o la convocatoria de Lionel Scaloni para la Selección de Pekerman en Alemania 2006. Es claro que ninguno de los dos tenía capacidades técnicas sobresalientes pero la química de estos sujetos dentro del plantel como motivadores contagiaba con su sola presencia y así fueron aprovechados.

Por último y como para reforzar la idea que debe guiar nuestro proceso de Selección, deberíamos recordar que la coordinación es el punto neurálgico de todo equipo para lograr un funcionamiento efectivo. Y coordinar no es otra cosa que disponer armónicamente y de forma funcional y ordenada, de los esfuerzos de un grupo para dar unidad de acción y así lograr un objetivo común. Es en este proceso inicial donde tenemos la oportunidad irrepetible de hacer coincidir elementos que se acoplen a la perfección.

Los ingredientes de un *Dream Team*

Así como existen características personales favorables para desempeñar un rol en una Compañía, de la misma manera existen aptitudes ideales para cada posición en un campo de juego. Para una meditada Selección debemos tener en cuenta los conocimientos del candidato sobre el área específica a cubrir, sus habilidades, los rasgos de su personalidad y por supuesto su capacidad de relacionarse con el grupo al que pensamos integrarlo. Lo cierto es que en un candidato se buscan requisitos excluyentes para ocupar una posición y también requisitos no excluyentes, que son aquellos que pueden o no formar parte de la formación o personalidad del candidato. Una buena pista (infalible en la mayoría de los casos) es basarse en hechos reales del pasado del candidato. Claro que cada persona es un mundo en sí misma pero echando mano a una básica generalización podríamos hacer un muy útil paralelismo entre candidatos ideales para cubrir posiciones en un campo de juego y personalidades acordes para ejercer un rol determinado dentro de una compañía:

a. Arquero se nace

Ciertas posiciones son conflictivas en su nacimiento mismo. Pensemos en aquellos cargos a los que les está encomendado el manejo de cantidades importantes de dinero o referidos a áreas críticas para la seguridad de una empresa. En estos casos estaremos necesitando a alguien que nos trasmita seguridad, tranquilidad, confianza. Son ideales aquellos candidatos que tienen una buena imagen de sí mismos, que confían en sus condiciones, que trasmiten solvencia, que tienen larga experiencia en cargos similares y que cuentan con alta tolerancia a la presión.

Nuevamente volvamos a leer las características contenidas en el párrafo anterior: Es claro, ¡estamos hablando del arquero! ¿Qué otro puesto más comprometido conocemos en un campo de juego? Dino Zoff, arquero experimentado si los hay (defendió el arco de la Selección Italiana en cuatro Mundiales) dijo alguna vez con conocimiento de causa que "el arquero impregna de personalidad a todo el equipo" y por ello ese puesto requiere sujetos que transmitan tranquilidad, confianza, seguridad y solvencia. Incluso, como en ningún otro puesto, la experiencia cotiza alto en este lugar del campo, y como prueba solo debemos prestar atención a la edad en que se retiran de la actividad los arqueros: al contrario que los demás jugadores de campo, a más edad mejor desempeño (tiempo en el que lucen más sosegados y seguros).

Claro que para ser arquero hace falta mucha vocación porque no hay puesto más ingrato: pueden tener cantidad de aciertos pero solo un error echará por tierra todo su trabajo y los convertirá en culpables de una derrota. Ejemplos de grandes arqueros sobran: Los hay atajadores como "El Mono" Carlos Navarro Montoya, "El Pato" Ubaldo Matildo Fillol u Oscar Córdoba o jugadores (que juegan y anticipan con los pies y hasta convierten goles) como Amadeo Carrizo (un adelantado en esta tendencia), Hugo Orlando Gatti, Ángel David Comizzo, el colombiano René Higuita o el paraguayo José Luis Félix Chilavert.

> "Los goles se los hacen a todos pero el vencido es el arquero".
>
> Juan Sasturain
> (Periodista y escritor)

b. De atrás para adelante: La defensa

Otros sectores de la Organización, en cambio, requieren del funcionamiento aceitado de un equipo completo. En estos grupos (funcionan mejor cuando son reducidos) no se admiten respuestas encontradas ni objetivos individualistas. Van tras el mismo fin que el resto de la compañía pero además trabajan por metas que los incumben solo a ellos y bajo pautas que solo ellos manejan. Un *call center* o el plantel encargado de los sistemas informáticos en una compañía que no es del rubro serían buenos ejemplos. Los sujetos más aptos para quedarse con las postulaciones en estos cargos son aquellos que se manejan dentro de un grupo con una comunicación eficaz, gustan de cooperar con sus pares, saben trabajar en perfecta coordinación con otros y son capaces de confiar en su vecino de puesto. Entre las características personales que cotizan alto para estos puestos figuran: la empatía o comprensión interpersonal, la concentración, la sencillez y el buen manejo del ego.

Dentro de un campo de juego estamos hablando, claro, de una defensa. Puede ser una línea de tres, de cuatro o hasta una poblada propuesta con cinco defensores. Lo cierto es que todos ellos deberán funcionar coordinados, concentrados y atentos como si fueran uno solo. La distracción de uno de ellos echa por tierra el trabajo del resto. Los defensores pueden ocupar en el campo el lugar de centrales o funcionar como laterales, sujetos a los que además de defender se les pide que cada tanto se proyecten por su carril para poder surtir con algún centro a los centrodelanteros. Claro que cuando uno de ellos sube allí estará un compañero para cubrir ese lugar vacío hasta que vuelva de su excursión por el campo contrario.

El líbero: De profesión socorrista

Dentro de todo grupo, por más compacto que sea (muchas veces con el fin de mantener esa unidad) debe existir alguien que lleve la voz de mando, que sepa hacer el trabajo de todos, que tenga el oído agudizado y la mirada atenta para anticiparse al error de los demás. Claro que su función no es poner en evidencia al que comete el error sino justamente todo lo contrario. Este sujeto está allí para impedir que se cometa el error o que una vez cometido las consecuencias sean mínimas.

Suele suceder que este puesto no es asignado formalmente sino que alguien se lo gana en silencio con el trabajo y el sacrificio diario. Él no es más que el resto, pero todos, propios y extraños, saben de sus condiciones superiores y su condición de "socorrista" cuando la situación se va de las manos. El sujeto ideal para esta posición se destaca por su autoridad (ya dijimos no impuesta) sobre el grupo, suele anticipar los escenarios posibles antes que el resto del plantel, tiene tal energía que fija objetivos solamente sembrando con el ejemplo, se ocupa consciente e inconscientemente de motivar al resto del plantel, es confiable y carismático. Dentro de un campo de juego esta persona de la que hablamos ocuparía la función de líbero, también conocido como último hombre u hombre libre (de allí su nombre) porque se para un paso atrás de la línea defensiva y muchas veces por su actitud y función recibe la distintiva cinta de capitán. El ex jugador y periodista Roberto Perfumo (alguien que cubrió el puesto como pocos) es quien nos da la definición de líbero: "En otros lugares lo denominan barrido, porque lo que el zaguero hace es barrer la sobra del anticipo perdido por un compañero, aprovechar el roce, el pase mal dado, socorrer al compañero (...) Jugar de sobra requiere más inteligencia que despliegue físico. La gente de las tribunas dice que no corre, pero las agarra todas. Y las agarra todas porque siempre está bien colocado, porque sabe deducir hacia dónde irá la jugada". [7]

Como ejemplo de grandes líberos o marcadores centrales de todos los tiempos podemos nombrar: a los argentinos Daniel Alberto Passarella, Roberto "El Ratón" Ayala, Gabriel Milito y Walter Samuel, al italiano Franco Baresi, al alemán Franz Beckenbauer o al colombiano Jorge "El Patrón" Bermúdez.

C. El Mediocampo: Corazón y pases cortos

Ciertas tareas no admiten errores porque un error significa una pérdida de las irreparables y de las que hacen mella. Tampoco dan lugar a la improvisación o a la creatividad. Son esas funciones mucho más que necesarias pero que no brillan, que no se destacan. Los sectores dedicados a la tesorería, aquellos que desde Recursos Humanos deben liquidar los sueldos o los encargados del mantenimiento telefónico o eléctrico dentro de una multinacional, son claros ejemplos. Es como si no existieran y hasta están quienes suelen verlos como mano de obra ociosa, pero cuando un sueldo llega mal liquidado, cuando falla un sistema eléctrico y deja a unos cuantos a oscuras, es cuando todos ponen la vista sobre ellos de manera nada amistosa, por supuesto. Estos cargos que hacen del silencio, del no lucimiento personal y del sacrificio un estandarte, precisan de sujetos con una marcada conciencia organizacional, capaces de priorizar los objetivos de toda la compañía por sobre los suyos propios. También son bienvenidas la sencillez, la solvencia y la efectividad.

Y si alguien sabe de sacrificio y control del ego en un campo de juego ese es volante central, aquel cuya parcela de juego es el mediocampo, lugar donde dicen los que saben "se define el partido". Él lleva la camiseta número cinco pero debe trabajar como dos en su puesto para valer lo que cotiza un diez con la mitad del esfuerzo.

Un conocedor en la materia, el periodista, ex DT y ex jugador, Jorge Valdano dice que "los mediocampistas de marca deben actuar como contención, auxiliando a la defensa y pasándole el balón en forma simple y sencilla a los volantes de ataque. Aquí es donde no se pueden permitir lujos ni equivocaciones por lo que tienen que tener un perfil más resolutivo que cualquier otro jugador del plantel".

"Astrada, por ejemplo, puede tocar corto y al costado todo el partido, es su función. Ha corrido a un rival veinte metros y se ha pelado el culo tirándose a los pies para quitar una pelota y lo suyo ya es suficientemente importante como para pedirle que, además, ponga el pase de gol. Se la dará entonces, cortita, mansa, a los que más saben y habrá cumplido". [8]

Vayan ejemplos de verdaderos patrones del mediocampo, trabajadores infatigables y silenciosos, dedicados al trabajo más duro y deslucido: Matías "El Pelado" Almeyda, Leonardo Rubén Astrada, Sergio "El Checho" Batista, Alejandro Mancuso, Reinaldo "Mostaza" Merlo, Antonio Rattín y Mauricio "Chicho" Serna.

Polifuncionales: Hombres de toda la cancha

En gran parte del mercado laboral la polifuncionalidad está vista como una característica por demás apreciada. Aquel director que cuenta entre sus filas con un sujeto de estas características realmente debería considerarse afortunado. Ligeramente, muchos Gerentes arman sus equipos en base a estrategias de polifuncionalidad, con la esperanza de hacer rotar a todo el personal a su cargo por la mayoría de las posiciones en la búsqueda de una utilidad máxima y con el fin último de desarrollar una fórmula de aprendizaje en acción potenciando las destrezas del equipo todo. Sin embargo, no todos los integrantes de un equipo están preparados y dispuestos para el cambio permanente. Lo cierto es que un sujeto capaz de calificar como polifuncional se adapta inmediatamente a diversos medios, funciona eficazmente en cualquier contexto y lo que es más destacable, disfruta con los cambios a los que asume como un desafío.

En un campo de juego, todo Director Técnico sueña con tener un jugador polifuncional que le tape el bache cuando las lesiones, las suspensiones o la falta de presupuesto le deja alguna posición vacante en la cancha.

Como prueba citemos a los protagonistas: "Yo creo que la gente debería ser capaz de jugar en todas las posiciones del campo... Por eso es tan importante que todos escuchen durante las conversaciones tácticas. El extremo izquierdo no puede dormirse cuando el entrenador habla sobre el lateral derecho", dijo alguna vez el ex jugador y DT holandés Johan Cruyff. En coincidencia con el técnico español Xavier Azkargorta quien afirmó que "El jugador tiene que estar preparado para jugar en distintos lados de la cancha. Yo quiero un jugador que cuando el técnico le pregunte: ¿usted de qué juega?, responda: de lo que usted diga". [9]

Vale para la ocasión poner como ejemplo a uno de los más grandes jugadores polifuncionales de todos los tiempos: la estrella alemana Lothar Matthäus que jugó como mediocampista y como líbero, brillando en ambas posiciones en las ligas más competitivas y en el seleccionado alemán. Claro que su posición de marca no le hacía dejar de lado su vocación ofensiva por lo que solía proyectarse y probar con tiros precisos de media distancia.

El estratega: Anticipándose a los hechos

Todo equipo necesita de aquel que piense por el resto, que haga la pausa cuando los demás están corriendo, que mantenga la calma aún en los momentos más críticos y pueda ver más allá del día a día. Es aquel que se anticipa a escenarios futuros y tiene vía libre para dar rienda suelta a su creatividad y tomar decisiones coyunturales. Dentro de una compañía suelen ser cargos estratégicos, de los mejor remunerados y de los que más brillan. Pero de él depende la dinámica de la compañía toda y es él quién se encarga de innovar en el mercado y conducir a todo el equipo hacia buen puerto. Un Gerente de marketing o un Gerente de ventas son claros ejemplos de esta función altamente valorada y quien quiera ponerse esa ropa debería ser un sujeto con iniciativa, facilidad para anticiparse a las oportunidades y los cambios, una alta sensibilidad para analizar profunda y velozmente la información, creativo, que no tenga reparos en tomar riesgos, que evalúe con sagacidad escenarios alternativos y por sobre todas las cosas que se anticipe a los competidores.

Qué otro número podría llevar en la espalda un jugador con estas características sino el codiciado número diez, sinónimo inequívoco de elegancia, calidad y puesto al que mejor le calza la designación de crack. Se los conoce como enganche (porque son el nexo entre el medio y los delanteros), como volantes creativos, como armadores, organizadores del juego o estrategas y rondan de la mitad de la cancha en adelante (más o menos adelantado, según el gusto del técnico). Claro que con más claridad lo define el gran Roberto Fontanarrosa cuando dice: "Se me ocurre que el enganche es el que está destinado a perder la pelota, porque es el que debe arriesgarla, el que debe meterla por el ojo de una aguja (...) es, en suma, el que debe tallar el diamante (...) tendrá que convertir un avance en un ataque, un cuchillo de postre en un estilete, una palmada en un cachetazo". [10]

> Elogios para Zinedine Zidane: "Sabe hacer lo que se debe hacer en las zonas neutras del campo, y sabe aclarar con ingenio las maniobras de ataque, donde el fútbol esconde los espacios vacíos (...) carece de la contundencia del goleador, porque juega para servirlos. Un maravilloso intermediario que hace mejores a sus compañeros (...) sabe cuándo hay que tenerla, cuándo hay que soltarla, sabe cuándo hay que jugar en corto y cuándo hay que jugar en largo, sabe cuándo hay que tocar hacia los laterales y cuándo hay que profundizar (...) No es líder pero se destaca por sobre los demás. Es líder no por temperamento".
>
> Jorge Valdano

Y entre los que se lucieron con el diez en la espalda (y algunos por suerte todavía lo siguen haciendo) podemos contar en una lista que seguramente nos dejará con ganas de más a: Diego Armando Maradona, Norberto Alonso, Juan Román Riquelme, Pablo Aimar, Johan Cruyff, Néstor "Pipo" Gorosito, Michel Platini, "El Bocha" Ricardo Bochini y Carlos Valderrama.

C. Los delanteros: En la puerta del objetivo

Y finalmente alguien tiene que terminar con lo que los demás empezaron. Un alguien que debe tener como única obsesión cumplimentar ese objetivo por el que tantos otros trabajaron, sin importar cómo, ni por qué, ni cuándo, ni en qué condiciones. Es un puesto grato, por cierto, a veces desconectado de la totalidad del equipo y que puede darse el lujo de fallar una y otra vez a sabiendas de que aquella única vez que acierte todos lo estarán esperando para felicitarlo. En una compañía fácilmente podríamos identificar esta posición con la del equipo de vendedores, sujetos con afán de mejorar, incansables, insistentes, con un concepto tan grande de sí mismos que les otorga una confianza ilimitada y por supuesto con un solo objetivo: Ser efectivos.

Estos sujetos difícilmente sean líderes en un equipo de trabajo porque gustan de moverse solos, van detrás del éxito individual y el reconocimiento. En un campo de juego este puesto es para el más egoísta de todos: El goleador, destinatario de todos los amores y odios en un estadio y dueño del momento más sublime del juego: el gol. Y especialmente hablamos de los centrodelanteros, de los delanteros de área, los que se dedican a perforar las redes, a empujar la pelota al gol. Tipos empecinados si los hay, siempre buscando desmarcarse, a veces con pinta de ausentes en el juego, con ojos solos para el arco y que ni por asomo piensan en los demás y en el juego. Sujetos con la sangre fría que dominan la angustia allí donde todos dudan y hacen de la simpleza y la fuerza las armas más preciadas.

"La duda es la decadencia de los goleadores. Y una de las características de Martín Palermo es que nunca duda. No se le cruzan por la cabeza, jamás, dos ideas diferentes: ¿Pateo al arco o doy el pase? ¿Busco el gol o tiro el centro?". [11]

El egoísmo "es la virtud que hizo grande a los goleadores en todo el mundo, porque adentro del área nunca le pasaron la pelota a ningún compañero". "La Argentina fue campeón del mundo en el 86, por el egoísmo de Burruchaga después de una corrida de cincuenta metros cuando pisó el área y enfrentó a Schumacher, a su izquierda tenía a Valdano solo frente al arco y sin arquero, pero prefirió patear y definir él". [12]

Los hay sutiles y toscos, obstinados e intermitentes pero lo cierto es que a la hora de la verdad todos los goles valen lo mismo y hacen las delicias del hincha. Juntos tal vez superen largamente el millar de gritos: Alberto Acosta, José Sanfilippo, Hernán Crespo, Gabriel Omar Batistuta, El "Pampa" Claudio Biaggio, Mario Alberto "El Matador" Kempes, Martín Palermo, Romario, Ronaldo, Hugo Sánchez, Marcelo Salas y la lista podría seguir indefinidamente.

Claves para un jugador ideal

"La correspondencia entre la velocidad física y mental se traduce en el ideal del futbolista moderno".

Juan Carlos Lorenzo y Jorge Castelli
(DT y Preparador Físico, respectivamente)

"El fútbol de hoy (...) necesita jugadores inteligentes. Jugadores que sepan entender lo que está pasando. Que "lean" el partido para resolver de inmediato de acuerdo a las conveniencias de su equipo. Ya no alcanza con la intuición. Antes eso era posible porque lo jugadores disponían de más espacio y tiempo para maniobrar. Hoy necesitan resolver en una décima de segundo y con el rival encima".

Roberto Perfumo

"Quiero jugadores que puedan hacer movimientos decisivos en espacios pequeños, Quiero que trabajen lo menos posible para ahorrar energía para esa acción decisiva ".

Johan Cruyff
(DT holandés)

"También en el fútbol cabe la lógica de la complementariedad: hay futbolistas jornaleros que trabajan para otros artísticos, brillantes, decisivos. Para que un jugador se pare a pensar el otro se tiene que poner a correr. Los dos son necesarios".

Jorge Valdano

✔ La conformación de un gran equipo comienza desde el proceso de Selección. El objetivo inmediato es determinar con la mayor precisión posible las habilidades que debería poseer el candidato, las tareas que el mismo debería realizar y entonces sí salir en la búsqueda del sujeto más competente para el puesto.

✔ Un seleccionador inteligente busca para su equipo a los mejores en cada posición, consciente de que son estos elegidos quienes, más adelante, deberán traducir su mensaje.

✔ Se necesita de un buen caudal de información para evitar caer en errores de Selección.

✔ El perfil de complementariedad de un candidato a veces es más importante que sus mismas capacidades individuales.

✔ La coordinación es el punto neurálgico de todo equipo para lograr un funcionamiento efectivo. Y es en este proceso inicial donde tenemos la oportunidad irrepetible de hacer coincidir elementos que se acoplen a la perfección.

Notas:

6 y 7.Roberto Perfumo. *Jugar al Fútbol.* Op. cit.

8.Roberto Fontanarrosa. *No te vayas, campeón. Equipos memorables del fútbol argentino.*Op. cit..

9.Enrique Macaya Márquez. *Mi visión del fútbol.* (Cita a Xavier Askargorta en el 6to. Congreso de Técnicos). Op. cit.

10 y 11.Roberto Fontanarrosa. *No te vayas, campeón. Equipos memorables del fútbol argentino.* Op. cit.

12.Roberto Perfumo. *Jugar al Fútbol.* Op. cit.

Capítulo 5

Todos para uno:
El secreto de jugar en equipo

"Un partido lo gana una estrella;
una Liga, un equipo".

Arrigo Sacchi
(ex DT de la Selección italiana)

Todo Director Técnico sabe íntimamente que el secreto del éxito está en la mística del grupo que dirige. Si realmente logra formar un verdadero equipo de trabajo, más de la mitad del camino hacía el objetivo estará andado. Lo mismo ocurre en el ambiente de los negocios y no por nada quienes marcan el rumbo del *management* moderno ponen tanto énfasis en la importancia del trabajo en equipo. Incluso desde el proceso mismo de Selección (como ya vimos en el capítulo 4) se da mucha importancia a las aptitudes del trabajo en equipo que presentan los candidatos a quedarse con los cargos.

Es que la formación de un verdadero equipo de trabajo facilita y encamina el hallazgo de soluciones, genera planes de acción surgidos de puestas en común y canaliza la energía para objetivos que difícilmente podrían cumplimentarse con esfuerzos individuales.

Sin embargo, trabajar en equipo no es una cuestión que se dé un día para el otro. Proponerse trabajar en equipo es definitivamente un cambio mental, profundo y total. Quien comienza a trabajar en equipo deja definitivamente de trabajar para sí mismo y comienza a trabajar para el resto, postura que exige un trabajo importante en el control del ego y la humildad.

> "Pertenecer a un equipo es jugar en función de él y no del lucimiento personal".
>
> Roberto Perfumo

Pero... ¿es lo mismo trabajar en Grupo que hacerlo como un Equipo de Trabajo? Justamente en esa "pequeña" diferencia está el secreto: un Grupo de trabajo está sustentado por un conjunto o grupo de personas que coinciden en el desarrollo de una tarea o de un trabajo y los miembros de ese grupo, si bien poseen algún desarrollo y compromiso, son individuos dirigidos por un responsable que aglutina y transmite información de las etapas del trabajo y distribuye tareas. Finalmente, las tareas de todas las individualidades sumadas, completan el todo del trabajo encomendado. En cambio, en un Equipo de Trabajo el eje está puesto en un conjunto de individuos asociados que, por sobre todas las cosas, llevan adelante una acción común, con determinado fin. Los miembros de un Equipo, a diferencia de un grupo de trabajo, tienen conocimiento de todas las informaciones, etapas y filosofía del trabajo a ser realizado y no solamente de la que supuestamente está en sus manos. La diferencia también radica en quién dirige el equipo que en este caso no sólo aglutina las tareas de todos como en un grupo sino que además trabaja para integrar el equipo mediante la motivación y concientización del significado del trabajo en equipo.

La diferencia está también en la conformación del equipo de trabajo ya que mientras un grupo está predominantemente conformado por, digamos, mano de obra no individualizada, un verdadero equipo de trabajo está constituido mayormente por talentos. Los Equipos además buscan resultados globales pero en el camino hacia el resultado no solo se tiene en cuenta el objetivo común y final sino que todo el tiempo todos los miembros del equipo están velando para que el otro llegue junto con él hasta el objetivo planteado.

> "Un equipo es como un buen reloj: Si se pierde una pieza todavía es bonito, pero ya no funciona igual."
>
> Ruud Gullit
> (ex jugador estrella de la
> Selección holandesa y del fútbol italiano)

Un genuino equipo de trabajo goza de un conocimiento significativamente superior a cualquier suma de conocimientos individual gracias al constante intercambio de ideas por lo que de lograr una cohesión de tal magnitud una organización con estas características podría hacerse con cualquier mercado que deseáramos, con cualquier objetivo planteado. Entonces ¿por qué seguimos reincidiendo en errores que nos alejan de la conformación de fructíferos equipos de trabajo? ¿Es nuestra propia envidia la que nos impide alegrarnos con el éxito de nuestro colega, festejar el acierto del otro? ¿Solo nos importa nuestro lucimiento personal?

Y es que el camino hasta la conformación de un verdadero equipo es arduo ya que exige una aceitada coordinación de tareas, un proceso que busca integrar actividades de departamentos independientes para alejar la tentación de perseguir intereses departamentales por sobre metas de la organización toda; y un flujo de comunicación eficaz que permita utilizar la información en pos de objetivos comunes. Cualquiera de estas dos etapas, coordinación y comunicación que presenten falencias puede desviar al equipo de los objetivos mancomunados. En un equipo que no trabaja coordinado unos van a un ritmo más lento que otros y un equipo de trabajo que realmente quiera llevar ese rótulo no puede darse el lujo de aletargar el andar para esperar a los que no cumplen con los tiempos de los compromisos planteados. Y una comunicación deficiente crea cortocircuitos de confianza entre los miembros del equipo porque da lugar a los rumores y malos entendidos cuando justamente la cultura de equipo tiene sus cimientos en la confianza.

> "(...) Nosotros estábamos convencidos de que podíamos. Se había creado una familia impresionante, la verdad es que era un grupo... cuando se forma... o sea cuando hay grandes logros es muy difícil que no haya un grupo así, tan fuerte".
>
> Daniel Passarella
> (ex jugador y ex DT de la Selección Argentina
> aludiendo al equipo campeón del Mundial 1978)

La formación de un exitoso equipo de trabajo también exige de todos los miembros una cuota similar de esfuerzo y una postura que deje de lado el miedo a ser criticado por proponer ideas brillantes: En un equipo todos deben apuntar a sobresalir pero al mismo tiempo deben alegrarse con el éxito del compañero de equipo. Un equipo en el que se critica al que propone algo diferente lleva como resultado un clima de destrucción de la creatividad y un nivel de mediocridad. El resultado de estos comportamientos organizacionales destructivos es el estancamiento creativo y la mediocridad.

Y justamente un gran ejemplo de las carencias para formar un verdadero equipo de trabajo puede verse en las Selecciones Nacionales Argentinas de los últimos tiempos. Sino de qué otra manera se entiende que siendo la Argentina el país que más futbolistas exporta a las ligas de la elite Mundial (representantes que por otro lado brillan como figuras en sus equipos) llegado el momento de la competencia y con una galería de individualidades envidiables, sólo reincida año tras año en el fracaso deportivo.

No es secreto en el mundo del fútbol que detrás de cada rutilante éxito deportivo hay un grupo compacto criado bajo las mejores formas de convivencia. Sin ir más lejos ese parece ser el as bajo la manga de la, simple vista, poco lujosa Selección Italiana que conquistó contra todos los pronósticos el último Mundial de Alemania 2006. Tiempo antes de la competencia, su técnico, Marcelo Lippi, entrevistado por el diario *Clarín* ya daba pistas del asunto. ¿Cuál es la clave para tener éxito?, le preguntaron y sin dudarlo respondió: "Lo más importe es tener un grupo bueno, determinado y unido. Sin *prima donnas* o jugadores que quieran atraer los focos. Cuando dos equipos de características similares se enfrentan, normalmente es el que tiene mejor espíritu de equipo el que acaba ganando. En cuanto a Italia, estoy contento de tener un grupo unido que le gusta estar junto. Esto me da gran confianza en los muchachos". ¿Más pruebas?

Marcación en zona vs. Marca personal

Existen dos métodos de marcación bien diferenciados: Por un lado tenemos la marca hombre a hombre donde cada defensor tiene asignado un rival para seguir de manera constante, sofocante y persistente y por otro la marcación en zona donde cada uno de los defensores tiene asignada una parte del terreno pero todos colaboran con la zona del otro si es necesario.

Como una metáfora del verdadero juego en equipo contra la individualidad, Jorge Valdano considera a la marcación en zona como sinónimo de libertad ya que potencia el cooperativismo y la solidaridad, al mismo tiempo que obliga a la coordinación colectiva.

En cambio ve a la marca hombre a hombre como una idea totalmente contrapuesta que rompe con el espíritu del juego en equipo y otorga a cada integrante de la defensa una responsabilidad aislada del trabajo de su compañero de puesto.

Ejemplo 1 Marcación en zona

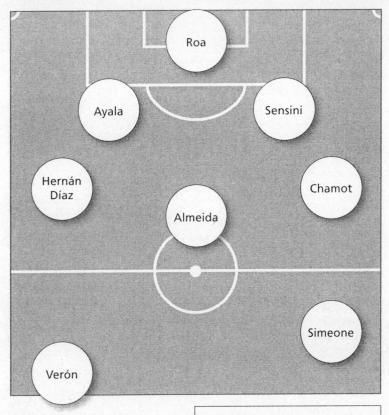

Marcación en la zona

La selección nacional dirigida por Passarella y su defensa zonal

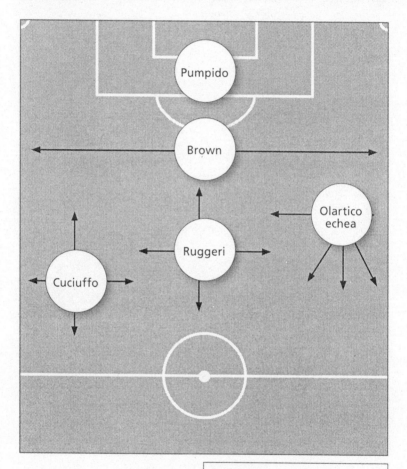

Marcación de hombre a hombre

La selección argentina de Bilardo en 1986, con líbero y tres zagueros que realizaban marcaciones individuales sobre el rival de turno.

✔ El secreto del éxito está en la mística del grupo que dirige. Si realmente se logra formar un verdadero equipo de trabajo, más de la mitad del camino hacía el objetivo estará andado.

✔ Un verdadero equipo de trabajo facilita y encamina el hallazgo de soluciones, genera planes de acción surgidos de puestas en común y canaliza la energía para objetivos que difícilmente podrían cumplimentarse con esfuerzos individuales.

✔ Proponerse trabajar en equipo es definitivamente un cambio mental, profundo y total. Quien comienza a trabajar en equipo deja definitivamente de trabajar para sí mismo y comienza a trabajar para el resto.

✔ Los Equipos buscan resultados globales pero en el camino hacia el resultado no solo se tiene en cuenta el objetivo común y final, sino que todo el tiempo todos los miembros del equipo están velando para que el otro llegue junto con él hasta el objetivo planteado.

✔ Un genuino equipo de trabajo goza de un conocimiento significativamente superior a cualquier suma de conocimientos individual gracias al constante intercambio de ideas.

Capítulo 6

Luciendo la cinta.
De capitanías y liderazgo

¿Un líder nace o se hace?

"(…) había algo en Passarella, en ese Passarella conductor del River hegemónico de los años 79, 80 y 81, que iba más allá del salto desmesurado, el cabezazo preciso, la mirada dura en un rostro que era una talla indígena, el disparo violento y la buena técnica en el manejo de la pelota. Y era la determinación. La determinación constituía algo así como un clima, una nube que lo rodeaba, una aureola que transmitía claramente, a propios y extraños, que había entrado a la cancha para ganar". [13]

Dentro de un campo de juego se los suele llamar "caudillos", también se dice que estos sujetos "agarran la bandera" o "se ponen el equipo al hombro". Lo cierto es que se destacan por hacerse más visibles en los momentos más complicados. Piden la pelota, ordenan, gritan, transmiten convicción, indican los caminos. Son jugadores respetados llamativamente por propios y por extraños y se destacan por su temperamento o por su inteligencia para salir de situaciones límites.

Pero ¿el liderazgo es una cuestión genética? ¿se nace para ser líder? A simple vista pareciera una cuestión de personalidad innata pero el asunto es más elaborado de lo que aparenta. Si lo pensamos de esta manera para ser líder se deberían contar con ciertas capacidades que lo diferencien del resto de los mortales, pero parece no ser tan así. existen jugadores con todas las condiciones para ser líderes naturales que sin embargo no lo son. Por caso podemos nombrar a dos de los más habilidosos de sus camadas: Juan Román Riquelme en la Selección Argentina y Zinedine Zidane en su par francesa. Ambos dentro del campo de juego son los que deben marcar el camino con el balón en los pies y llevan sobre su espalda el nada inocente número diez, sin embargo al ser ambos sujetos de carácter más bien retraído no ejercen la función de líderes visibles.

Los últimos estudios en el campo de management y liderazgo arrojan similares conclusiones: Es falso que se nace líder. Más bien es una cuestión de aprendizaje y actitud que poco tiene que ver con cuestiones innatas.

Según parece para llegar a ser un buen líder primero debe aflorar el deseo de adoptar tal posición. Para ser líder, primero se debe desear serlo. Y es a partir de esta decisión que quienes desean ser líderes, ya sea en un equipo deportivo o en una gran organización, comienzan a formarse como tales trabajando su autoestima (o sea creyendo en sí mismos como líderes), forjando su identidad (viéndose como líderes) y finalmente actuando como tal. Toda esta preparación hace que cuando llega el momento de asumir el liderazgo, el líder parezca asumir la cuestión con total naturalidad lo que da a la confusión de pensar que ese sujeto simplemente nació con las condiciones para serlo.

"Chilavert, el vigoroso Chilavert, tiene el temperamento de los grandes escualos. Para los tiburones no existen, en su medio, otros peces que puedan atacarlos. Entonces, no temen a nada ni a nadie y pueden llegar a embestir, incluso, a un portaaviones (…) Pero lo que lo trasciende, lo que lo circunda como un campo magnético, es el espíritu agresivo, ganador, confiado y prepotente propio del tipo que no se asusta de la competencia, que goza de ella y que se enciende cuando más difícil viene la mano". [14]

¿Y cómo se puede identificar un líder?. Un líder actúa con espíritu solidario, es sencillo, respeta e infunde respeto, tiene una gran comunicación con los suyos, pero por sobre todas las cosas contagia a los demás su energía, pasión y entusiasmo. También es el primero en captar el momento del grupo y en plantear soluciones y trasmite confianza entre sus pares. Finalmente es muy importante tener en cuenta que un verdadero líder no se apropia de su lugar así sin más, el liderazgo no es algo que un legítimo líder puede arrogarse sino que es el equipo quien le otorga al líder la autoridad para ejercer el liderazgo y es el mismo equipo quien lo somete cada tanto a una informal revalidación del cargo e incluso quien puede sacarle la autoridad otorgada. Respecto a esta situación, es el periodista deportivo Macaya Márquez quien acerca una muy esclarecedora visión: "El líder es un rol, no un rasgo personal, ya que el rol se define como la relación de un individuo con una tarea (...) El rol del líder se da con respecto a un trabajo y no debería confundirse con la personalidad; porque hay jugadores que son líderes en determinados equipos y no pueden tener ninguna función de liderazgo en otros (...) El líder es situacional (...) no es una condición innata". [15]

El ex jugador, ex técnico y escritor Jorge Valdano nos acerca otras variaciones en la cuestión del liderazgo cuando dice que "Los líderes también están marcados por el público. Si alguien es constantemente agredido por la hinchada rival (como era el caso de Chilavert que prácticamente se pasaba gran parte del partido rivalizando con los hinchas) ese es un líder. "Si te agraden es porque eres bueno, porque te temen (...) Están también los líderes silenciosos.

El que entrena con entusiasmo, el que dice siempre lo justo, el que tiene un gimnasio en su casa para no dar ninguna ventaja, el que pide siempre la pelota aún en las situaciones más difíciles". [16]

¿Todos los equipos necesitan un líder?

La respuesta sin dudarlo es: Sí. Ya vimos que un líder es un engranaje clave en el aspecto emocional del equipo, es de él de donde emana la energía y el entusiasmo que contagia al equipo todo. Pero no es solamente esa su única función irremplazable.

También se dice de ellos y con razón que funcionan como una especie de DT dentro de la cancha, tanto así que muchos de ellos luego de ser líderes como jugadores se convirtieron con el paso del tiempo en DT (ejemplos sobran: Daniel Passarella, Reinaldo Merlo, Américo Gallego, Carlos Bilardo, El Tata Martino, Leonardo Astrada, Oscar Ruggeri, Blas Giunta, etc, etc) y justamente en este último punto radica la importancia troncal del líder, capitán o caudillo dentro de la cancha: Es un elemento único para el plan de DT porque interpreta como nadie su idea y la retransmite en el mismo campo de juego con otra visión y otra autoridad, refresca conceptos olvidados en el trajín de la competencia y hasta a veces, suele cubrir vacíos en la orientación táctica.

Pero usted se preguntará ¿no existe riesgo de que se confundan los roles entre el técnico y el capitán o en el caso de un equipo de negocios entre el gerente a cargo del proyecto y su líder? La respuesta es nuevamente afirmativa pero mientras se respeten los roles la situación tiene más aspectos positivos que negativos. Por último y no menos importante, debemos tener en cuenta que el líder dentro de un equipo también puede funcionar como mediador entre el Gerente o Director Técnico y sus subordinados. Las organizaciones siempre con caldo de cultivo de celos y desconfianzas por los que los mensajes puede llegar cambiados o deformados y devenir en problemas. Sin embargo cuando el líder funciona como traductor desde ambos lados las comunicaciones se reciben con más confianza y se tornan más creíbles.

Claro, que no es la forma más eficaz ya que el director es quien debe bajar el mensaje directamente a sus subordinados pero en un equipo en formación donde la cuota de confianza todavía es escasa, la figura del líder–traductor puede ayudar y mucho.

"Ángel Labruna fue un maestro en eso (…) en sus planteles, siempre tenía tres o cuatro jugadores con experiencia para que lideraran afuera y adentro de la cancha (…) son los que lideran por capacidad técnica durante el juego (son los que juegan mejor), líderes dentro de la cancha que cuando se para el juego rearman el equipo (son los más inteligentes), líderes fuera de la cancha que son por personalidad (…) a su vez tienen otro cacique que es el gran jefe de la tribu: el técnico (…) Cuando esta estructura funciona sin que se confundan los roles de cada uno, tenemos un grupo humano que hace a un equipo ganador". [17]

El líder tóxico. La dependencia del líder

Decíamos que el líder es clave en el aspecto emocional del Equipo, pero claro que así como puede impulsar a una organización hacia adelante también puede con el tamaño de su figura llevar al grupo hacia un estado de caos total. O sea, así como puede jugar a favor, puede jugar en contra con la misma potencia.

Una de las maneras que tiene el líder de boicotear un proceso es, como ya vimos, arrogarse la figura de director en su persona, quitándole autoridad al director formal ante el grupo. Sin embargo, esto también puede suceder sin que el líder se lo proponga formalmente. El mismo peso de su figura y una tendiente debilidad del resto del equipo pueden elevar contra su propia voluntad, sobredimensionar su figura. Así, el equipo puede adoptar una actitud cómoda descansando en demasía sobre las decisiones del líder. Esta situación puede verse claramente si recurrimos a un término harto usado en los últimos tiempos de la Selección Argentina: "Maradonadependencia". Término que utilizó la prensa especializada para explicar la falta de respuestas de la Selección Nacional luego de que Diego Maradona dejara de vestir la camiseta de la Selección Argentina. Según parece, el equipo no se acostumbraba a jugar sin él.

> "Newell's me emociona, este equipo me emociona. ¿Los colombianos? (hace referencia al "Patrón Bermúdez", a Jairo Patiño y a Vásquez) son líderes positivos, de esos que ayudan a los equipos, que le hacen bien al grupo. El tema es que si te agarra un líder negativo, a la corta o a la larga te hunde, terminás como el Titanic".
>
> Héctor "Bambino" Veira

Claro que hay una respuesta para esta situación. Un director precavido, apoyado por un líder atento, debería proveer al conjunto del equipo de una cultura que auspicie el nacimiento de nuevos líderes, capaces de tomar la posta del líder ausente cuando éste ya no esté. Una organización detallista debería propiciar un clima que invite a las personas a dar el paso para ejercer el rol de líderes cuando sea necesario y no caer en el viejo error de rendir pleitesía a los líderes, actitud propia de una gerencia anticuada basada en la jerarquía y el control.

Así llegamos a la conclusión de que el buen liderazgo no es solo demostrado por los logros del líder en actividad sino que también se denota en el clima reinante una vez que el líder abandona el escenario. Podemos ver claramente que es lo que sucede cuando un líder desaparece de escena de manera imprevista, tomando como ejemplo a la Selección Nacional dirigida por Alfio Basile: Maradona fue separado del torneo (en plena competencia) por doping y el equipo no tuvo más respuestas anímicas. Algo similar puede pasar con una organización que no está preparada para reemplazar a su líder.

Nota

13 y 14. Roberto Fontanarrosa. *No te vayas, campeón. Equipos memorables del fútbol argentino*. Op. cit.
15.Enrique Macaya Márquez. *Mi visión del fútbol*. Op. cit.
16.Jorge Valdano. *El miedo escénico y otras hierbas*. Op. cit.
17.Roberto Perfumo. *Jugar al Fútbol*. Op. cit.

✔ El secreto del éxito está en la mística del grupo que dirige. Si realmente se logra formar un verdadero equipo de trabajo, más de la mitad del camino hacía el objetivo estará andado.

✔ Un verdadero equipo de trabajo facilita y encamina el hallazgo de soluciones, genera planes de acción surgidos de puestas en común y canaliza la energía para objetivos que difícilmente podrían cumplimentarse con esfuerzos individuales.

✔ Proponerse trabajar en equipo es definitivamente un cambio mental, profundo y total. Quien comienza a trabajar en equipo deja definitivamente de trabajar para sí mismo y comienza a trabajar para el resto.

✔ Los Equipos buscan resultados globales pero en el camino hacía el resultado no solo se tiene en cuenta el objetivo común y final, sino que todo el tiempo todos los miembros del equipo están velando para que el otro llegue junto con él hasta el objetivo planteado.

✔ Un genuino equipo de trabajo goza de un conocimiento significativamente superior a cualquier suma de conocimientos individual gracias al constante intercambio de ideas.

Capítulo 7

Protegiendo a los talentosos

El diferente: ¿Cómo identificar a un *crack*?

El *Diccionario Enciclopédico del Fútbol Olé* define al crack como: "La categoría máxima que identifica a un jugador por su nivel excepcional"; el periodista Macaya Márquez prefiere citar a Juan Jorge Nudel, especialista en dinámica de grupo y análisis institucional quien dice que "el crack es aquel hombre reconocido por una disposición preferencial y una característica personal que le permite desarrollar el juego de un deporte de forma casi única, superior al resto. Tiene un talento particular, una aptitud innata". [18] Jorge Valdano lo define como: "Alguien que inventa algo, que soluciona un problema de forma original, que es distinto, que no usa el catálogo de soluciones conocidas". [19]

Teniendo en cuenta estas definiciones nos daremos cuenta de que ser crack no es una cuestión de todos los días y aplicable a gran cantidad de sujetos. Es cierto que una organización importante suele contar con un plantel en el que se destacan buenos elementos pero de ahí a decir que son cracks hay un paso bastante grande. Pongamos como ejemplo al fútbol para ser más claros: en la actualidad asoman grandes jugadores como Juan Román Riquelme, Federico "Pocho" Insúa, Daniel Montenegro, Ezequiel Lavezzi, Rodrigo Palacios, todos de gran categoría pero ninguno de ellos ha pegado el salto que los deposite en el pedestal de los jugadores únicos. Incluso, jugadores que han triunfado en las grandes ligas no llegan a la categoría de cracks. Es que el verdaderamente diferente debe demostrar su categoría de talento único en un desafío que esté a su altura y no todos tienen la oportunidad, las aptitudes ni la convicción. Pongamos un ejemplo que en su momento fue muy ilustrativo de esta situación: Claudio "Bichi" Borghi, un talento único que tenía las condiciones para el sucesor de Diego Armando Maradona, sin embargo faltaron la convicción y el temple.

En una compañía el lugar del crack lo vendría a ocupar aquel de la personalidad creativa y aquí también hay maneras de identificarlo. Estudios recientes concluyen en que los creativos son individuos de personalidad compleja, individuos a la vez, y según el caso, agudos e ingenuos, extravertidos e introvertidos, humildes y orgullosos, agresivos y protectores, realistas y fantasiosos, rebeldes y conservadores, enérgicos y pausados, integrados y diferenciados. Son personas que en sus reflexiones cotidianas no sólo se preguntan el qué y el cómo: también se preguntan por qué, incluso varias veces. Pero una vez identificados la cuestión principal es: ¿cómo guiarlos, aprovecharlos y no inhibir su talento pujante, todo al mismo tiempo?

Creatividad vs. Disciplina

Un Equipo puede contar con sujetos de elevado coeficiente intelectual pero al mismo tiempo de modesta creatividad, así también puede tener dentro de su plantel sujetos, que por el contrario, tengan una elevada creatividad pero un modesto coeficiente intelectual. Se sabe que los primeros (los más inteligentes) son los más convencionales y que los segundos (los más creativos) son más rebeldes y es por esta última característica que muchos directivos optan por incorporar sujetos del primer grupo antes que del segundo no sabiendo que por su poco arriesgada decisión se pierden de grandes hallazgos.

"En su evolución el fútbol fue desarrollando las formas colectivas de juego (pases, triangulaciones, paredes) y penalizando las individualidades. Los grandes gambeteadores desesperan a los técnicos con su indisciplina táctica". [20]

Cierto es que a simple vista un subordinado con perfil creativo anticipa unos cuantos dolores de cabeza para el director a cargo. Un creativo suele cuestionar lo establecido, asume riesgos, aprende continuamente, tiende al movimiento y a los cambios permanentes, se resiste a lo tibio y no se desalienta fácilmente. Con este panorama naturalmente es más sencillo dirigir personas sumisas, previsibles y disciplinadas.

Sin embargo, quien desiste de tener entre sus filas a un creativo o, lo que es peor, aún teniéndolo intenta disciplinarlo constantemente a sus ideas, se está perdiendo de un valor muy importante. La creatividad es una característica que escasea y deberíamos valorizarla teniendo en cuenta una simple ecuación: es posible encauzar a una personalidad creativa sin que pierda su esencia y aprovechándolo para el beneficio del equipo pero es imposible hacer de un sujeto no creativo mediante una educación un talento diferente. O como dicen en la cancha "de once cracks quizá pueda sacar un jugador que necesite pero difícilmente de once troncos pueda hacer un solo crack".

Por último, el peor espécimen para relacionarse con los creativos es aquel directivo que está convencido de que la creatividad es solo prioridad de su cargo y no acepta de sus colaboradores ninguna buena idea que antes no se le haya ocurrido a él mismo.

Cuidados extremos:
Cómo no anular a los grandes talentos

"El que tiende a que todos los jugadores sean iguales pierde lo mejor del equipo. Su trabajo, justamente, es saber coordinar lo que cada uno tiene de diferente para que pueda resultar algo creativo; no deshacer lo que hace distintos a los jugadores para opacar a cada uno sino, por el contrario, pensar cómo con lo diferente de cada cual poder hacer un conjunto y que ese conjunto sea un equipo". [21]

Algunos Directores Técnicos, al igual que muchos directivos de grandes equipos en multinacionales, quieren tener absolutamente todo bajo control y en esa misma obsesión encuadran a los integrantes de su equipo. Claro que, básicamente, intentar prever la respuesta de cada uno como individuo es contradecir la esencia única del ser humano. Afortunadamente esta cultura de trabajo está cambiando paulatinamente y la creatividad se va convirtiendo en un valor en alza que en la mayoría de los casos se ve acompañada de buenos resultados.

En el terreno de los negocios, donde el marketing y la innovación tecnológica han pasado a ser las vedettes más cotizadas como herramientas para despegarse de un sinfín de competidores con similares características tanto como en un fútbol opaco y con poca sorpresa donde solo manda el error, la creatividad se está convirtiendo en un elemento apreciado y lo que es mejor, celebrada por los consumidores y en el público en cada caso.

Es debido a este escenario que los directivos están saliendo a impulsar y a propiciar otros tiempos de trabajo en los que se respete la serenidad, el clima apropiado para el brote de nuevas ideas.

Claro que no siempre las exigentes reglas del mercado permiten tomarse ese preciado tiempo y la postura se desdibuja. Más aún se ve en el fútbol nuestro de cada día donde los creativos son convertidos en dinero fresco apenas aparecen en escena, con algún tentador pase al exterior y quedan en el olvido los objetivos a largo plazo.

Un directivo que pretende dar lugar a los creativos debe asumir esa posición como propia de su comportamiento y éste debe ser muy notorio ya que el potencial creativo de los subordinados siempre está esperando ser alentado por su superior. El directivo puede dar señales claras asumiendo retos, abriéndose al diálogo, dando lugar al debate interno, al buen humor y a la relajación y asumiendo riesgos desde su propia persona. No basta con que el subordinado mismo crea en sus propias ideas o condiciones, no basta con que él sepa que sus propuestas serán diferentes y de ruptura, recién la creatividad tendrá lugar cuando el aporte del subordinado sea puesto en práctica, reconocido e incorporado como herramienta en la organización. En el terreno del fútbol ya existieron cantidad de Técnicos que llenándose la boca con propuestas riesgosas y ofensivas, llevan jugadores talentosos, diferentes, en un plantel para luego hacerlos dormir en el banco de suplentes sin darle una mísera oportunidad y utilizando siempre a los mismos jugadores disciplinados que calzan a su gusto en su real propuesta tibia y anodina.

Un directivo que realmente apueste a la creatividad debería crear un clima propicio para darle lugar, difundir y desarrollar la idea de la creatividad como valor, estar atento a los focos de innovación y reconocer los esfuerzos de los diferentes. La respuesta a esta propuesta seguramente será, con el tiempo y haciéndonos de paciencia, mucho más generosa que la propuesta misma. Recién en ese momento contaremos con una propuesta con valor agregado y superior a nuestros competidores.

Recurso 1: Transpirando la camiseta. El Entrenamiento como base del éxito

"Los entrenamientos tienen que ser como los partidos porque sino los partidos son como los entrenamientos". [22]

No es ningún secreto que en los tiempos que corren la mejora continua es una obligación más que un plus caprichoso de calidad. Cada producto, cada diseño, cada tarea, cada servicio, debe ser mejorado día a día para mantenerse en posición de líder en los mercados actuales. De la misma manera un deportista que aspira a jugar en las ligas más renombradas del mundo debe mejorar día a día sus condiciones para no quedar en el olvido.

El avance de las tecnologías es por sí mismo un desafío casi imposible de cumplimentar. Implica un nivel de actualización (tanto en conocimientos como en adquisición de las últimas maquinarias como patrimonio) que de a momentos implica un esfuerzo sobrehumano. Hoy calidad es sinónimo ineludible de mejora continua. Un profesional que no se actualiza deja prácticamente de ser un profesional con autoridad para perderse en el montón.

De igual forma, las empresas deben todos los días mejorar la calidad, afinar sus costos y aumentar la satisfacción de los consumidores. De otra manera su cuota en el mercado se verá sensiblemente mermada.

De la misma manera un futbolista que intente mantenerse dentro de un plantel (hoy las exigencias abismales para la primera división en comparación de las divisiones inferiores) de primera línea, debe mejorar continuamente su técnica individual, resultado solo posible si él mismo se exige más que lo que el club le pide, quedándose a entrenar fuera del horario habitual, yendo al gimnasio por su propia voluntad y autodisciplinándose al máximo en su vida privada.

Incluso los niveles de preparación a los que llegan los futbolistas de elite los convierten en "súper–hombres". Y no es algo propio del nuevo siglo, cuentan por ejemplo que Zico llegó a ser uno de los mejores jugadores de la historia del fútbol a pesar de sus problemas físicos y gracias a su abnegación: mejoró su alimentación, lo sometieron a tratamientos de hormonas y complejos vitamínicos, hizo numerosos trabajos de musculación y como resultado pasó de 1.66 a 1.72 mts. de altura y aumentó 13 kilos hasta llegar a los 66 kilos. El resultado final: más de mil goles marcados en una inmensa carrera. Hoy, algo similar ocurrió con la transformación de Lionel Messi que pudo superar un problema de crecimiento para finalmente transformarse en unas de las estrellas más cotizadas de Europa y en la mayor promesa de fútbol argentino en mucho tiempo.

Recurso 2: Del dicho al hecho.
La coherencia en el mensaje

"No se puede mentir. Hay que ser coherentes para que nos respeten. Y, de hecho, debemos respetar para que nos respeten. En un grupo, eso es mucho más importante que la táctica".

Carlos Bianchi (DT argentino)

Es hora de caer en la cuenta de algo que salta a la vista de todos pero que pocos quieren ver porque significa un desafío difícil de asumir: la verdad es una de las características más valoradas en las relaciones personales. Consecuentemente, y como toda relación organizacional no es sino un reflejo de la vida cotidiana, los subordinados estiman mucho más a un director que juega con todas las cartas sobre la mesa que a aquel que goza con el doble discurso.

La honradez y la integridad cotizan en alza y son los primeros valores que se exigen hoy de un director. Si desde una organización se invierten recursos para crear (cual eslogan) valores y proclamas, es el deber del director mantenerse fiel a esas proclamas para no echar por tierra las propuestas lanzadas a sus subordinados.

Cuando los rasgos de un director coinciden con los valores proclamados por la organización, el resultado es una cultura impulsada por los valores y se termina de conformar un verdadero equipo cimentado en la confianza y el respeto.

Como una de las primeras acciones de una Organización que pretenda formar un legítimo equipo de trabajo, es dar a conocer a sus subordinados los objetivos y la manera de llevarlos a buen puerto, es doblemente contraproducente perder el rumbo a mitad de camino y dejarse llevar por emprendimientos azarosos y de último momento contradiciendo todo lo planeado.

En palabras claro que parece una tarea sencilla: "si yo digo algo ¿por qué luego voy a hacer lo contrario?", pero es en los momentos límite cuando se pone a prueba el convencimiento en los valores proclamados desde la tranquilidad de la teoría. En el terreno futbolístico acudimos día a día a la voltereta de muchos entrenadores que acorralados por los resultados y apremiados por el tiempo, cambian de ideas y filosofía sobre la marcha por miedo a fracasar. Algunos dicen con razón que a un entrenador se lo conoce cuando le toca perder. Es allí cuando pone a prueba su instinto, su personalidad y sus convicciones.

Es importante que los directores de Equipo visualicen el poder que posee la declaración que se sostiene en el tiempo, el poder que posee la palabra en la creación de credibilidad. Vivir en absoluta coherencia con lo que se dice y se profesa es una carta de presentación envidiable que no muchos pueden acreditar. Tan sencillo como aquel viejo consejo "se predica con el ejemplo", es la ecuación que dice que la confianza de un equipo reside en la coincidencia entre los valores proclamados y las conductas demostradas.

"Las convicciones hay que demostrarlas con tenacidad. Un técnico indeciso y vacilante hace un equipo también indeciso y vacilante". [23]

En la misma línea, un director que aspire a ganarse la confianza de sus dirigidos debe predicar siempre desde el claro y en ninguna situación exponer a los suyos sino todo lo contrario: dar la cara por ellos. También debe ser leal a sus subordinados tanto como para ganarse su incondicional lealtad. El director debe creer en lo que predica y con tanto ímpetu que contagie la energía de su convencimiento sin presentar nunca desvíos en sus ideales. Solo de esta manera lograremos en nuestro equipo un verdadero compromiso, diferente al acatamiento que se hace por miedo o por obligación. Y no menos importante en todas estas actitudes, el director debe ser creíble ya que una postura poco convincente puede lograr el efecto totalmente opuesto al deseado.

✔ Un creativo suele cuestionar lo establecido, asume riesgos, aprende continuamente, tiende al movimiento y a los cambios permanentes, se resisten a lo tibio y no se desalientan fácilmente. Para evitar riesgos los Directivos suelen elegir personas sumisas, previsibles y disciplinadas sin saber que se pierden de grandes hallazgos.

✔ Es posible encauzar a una personalidad creativa sin que pierda su esencia y aprovechándolo para el beneficio del equipo pero es imposible hacer de un sujeto no creativo mediante una educación un talento diferente.

✔ En el terreno de los negocios la creatividad se esta convirtiendo en un elemento apreciado y celebrada por los consumidores y en el público en cada caso.

✔ Un directivo que realmente apueste a la creatividad debería crear un clima propicio para darle lugar, difundir y desarrollar la idea de la creatividad como valor, estar atento a los focos de innovación y reconocer los esfuerzos de los diferentes.

Notas:

18. Enrique Macaya Márquez. *Mi visión del fútbol.* Op. cit.
19 y 20. Jorge Valdano. *El miedo escénico y otras hierbas.* Op. cit.
21. Enrique Macaya Márquez. *Mi visión del fútbol.* Op. cit.

22 y 23. Roberto Perfumo. *Jugar al Fútbol.* Op. cit.

Capítulo 8

La motivación.
Una cuestión de actitud

"No le doy demasiada importancia a la táctica. De las tres cuestiones que debe atender un técnico, junto a la parte física y la anímica, es lo que menos me interesa. El futbolista, ante todo, debe estar convencido. Mi mejor faceta es la psicológica. Entender el jugador y potenciarlo".

Luis Aragonés
(DT de la Selección española).

Puede llegar en forma de incentivo económico, puede surgir de una arenga que incentive el espíritu de lucha y competitividad, también es posible que nazca de una provocación e incluso como un autodesafío para mantener o alcanzar ciertas metas. Lo cierto es que luego de una inteligente motivación el sujeto no vuelve a ser el mismo, su ímpetu ha crecido y la valoración sobre sí mismo es mucho más positiva. Es que, según parece, en muchos casos y cuando las competencias están sumergidas en una paridad supuestamente inquebrantable, sale a lucir la actitud.

Coincidiendo con la reciente apreciación, Roberto Irribarren, a quien ya hemos citado con anterioridad, dice que hay tres aspectos primordiales para hacerse del éxito en la vida: "el conocimiento teórico, la habilidad para llevar ese conocimiento a la acción y la actitud, o sea la forma en que se enfrentan las circunstancias (...) Solo los ganadores tienen actitudes positivas (...) Si se acepta que en muchos casos es posible que, entre los equipos, la preparación física, la capacidad técnica y el despliegue estén equilibrados, habrá un factor prevaleciente y desnivelante y esa es la actitud mental (...) se logra con un elemento que debe estar presente en todo momento: la motivación, que invita a la acción, determina la elección de la meta y moviliza la voluntad para alcanzarla". [24]

Según parece no hay opiniones encontradas sobre lo que significa la motivación pero sí sobre su necesidad. ¿Por qué debemos hablar de motivación, recurrir a la motivación de los subordinados? ¿Es que no basta con la motivación de tener un puesto de trabajo en una compañía de primera línea, no basta con vestir la camiseta de un club de elite? ¿No basta con desarrollarnos en un ambiente laboral en el que muchos sueñan con trabajar? Según parece la respuesta es "No" y caemos en la cuenta si vemos los escenarios donde se desarrollan las actividades: velocidad implacable, exigencias inagotables, competencia continua. Claro que para manejarse en forma saludable y efectiva en un panorama tan competitivo, es preciso el elemento motivador constante.

"El futbolista tiene que entrar a la cancha convencido de que es superior al rival, y como tal, debe actuar sin respeto(...) el futbolista ganador no se deja turbar por la depresión perdedora que asuela a otros". [25]

El papel de motivador en la mayoría de los casos recae en el director del Equipo pero ¿qué condiciones debe reunir un buen motivador? En principio aquel que intente aumentar el amor propio, el espíritu de lucha y la autoestima de sus dirigidos, deberá contar con una oratoria vibrante, con una dialéctica convincente, con una imagen que inspire confianza, y con recursos que lleguen directo al corazón y la mente de sus dirigidos. El fútbol argentino nos ha regalado grandes ejemplos de especialistas en la materia: Ángel Labruna, Héctor Veira, César Luis Menotti, José Omar Pastoriza, Alfio Basile y el Toto Lorenzo son algunos de los tantos nombres de una galería mucho más numerosa.

> "Pedimos lo máximo, no lo imposible".
>
> Arrigo Sacchi

Lo cierto es que para ser un buen motivador no basta solo con las condiciones de motivador innatas o formadas en la experiencia. Eso solo es la mitad del camino. La otra mitad es la que tiene que ver con "el otro", con el sujeto o el grupo de individuos a quien se planea mentalizar. Un motivador debe, para lograr su cometido, conocer a fondo la psicología y la personalidad de su subordinado. Solo conociendo sus deseos podrá saber en qué apoya éste su ilusión y cuáles son sus necesidades para trabajar a conciencia sobre ellos. Un buen motivador no puede aplicar la misma técnica con todos los individuos, primero debe conocer en detalle las potencialidades del otro que es posible desarrollar. Un motivador que intente motivar aspectos inexistentes del otro, o que intente llevar al otro hacia un lugar o un objetivo que realmente no desea, obtendrá un efecto totalmente opuesto a lo deseado.

> "Lo posible ya está hecho; lo imposible lo estamos haciendo; para los milagros necesitamos tiempo".
>
> Marcelo Bielsa
> (ex DT de la Selección Argentina)

La motivación no solo se practica en momentos críticos: minutos antes de salir a una cancha para enfrentar al rival, en una charla gerencial convocada para realizar un brindis por una situación especial. La motivación también debe ejercitarse en el día a día para que realmente sea efectiva, con gestos y comportamientos ad hoc. Un buen director es aquel que conoce a sus subordinados no solo por el lugar que ocupan en la organización sino también como indivi- duo único y especial con sus problemas laborales y extra laborales. Este pequeño detalle hace que la gente a cargo se sienta especial- mente apreciada pero además funciona como un eficaz termóme- tro ya que en las aspiraciones individuales de cada miembro de un equipo está el germen de las futuras aspiraciones colectivas de la propia organización.

Otro aspecto muy básico pero no menos efectivo es el elogio, el subordinado necesita que se le recuerde que está haciendo las cosas bien. También son necesarios los gestos de confian- za: un verdadero motivador también sabe cuándo delegar res- ponsabilidades en los suyos y cuándo darle lugar a ideas traí- das por ellos.

Que los controles sean flexibles y no agobiantes y dedicar un tiem- po a escuchar a los integrantes de nuestro equipo, también son buenas señales en pos de crear un clima altamente motivador.

> "El fútbol no es una cuestión de vida o muerte, es mucho más que eso".
>
> **Bill Shankly**
> **(ex futbolista de la Selección escocesa**
> **y ex DT del Liverpool de Inglaterra)**

Si realmente pudiéramos medir los efectos de una buena acción motivadora nos sorprenderíamos ya que es asombrosa la diferencia que puede significar en el desempeño de los equi- pos unos pocos gramos más o menos de actitud. Claro que no solo es cuestión de aplicar una fórmula motivadora sobre un individuo para que éste cambie su actitud por completo, tam- bién debe estar latente este cambio de postura en la psicolo- gía del motivado.

Un ejemplo de cómo la ambición funciona como motivador: Cuentan los que estuvieron cerca, que Carlos Salvador Bilardo se negó, una vez conquistada la Copa del Mundo con su Selección en 1986, a sacarse una foto con el trofeo. Como forma de autoexigirse aún en el triunfo se propuso volver a ganarla cuatro años después para recién en ese momento sacarse la tan demorada foto. Lo cierto es que la ambición de triunfo lo llevó en Italia 90' hasta la final pero debió resignar el trofeo en manos de la Selección alemana. Sin embargo esa actitud lo había llevado nuevamente hasta la puerta de su objetivo.

Y no todos reaccionan a los mismos estímulos: están quienes lo hacen ante el desafío y muchos motivadores saben que ese sujeto se dispara cuando se le impide hacer algo por lo que lo enfrenta a situaciones que lo llaman a la rebeldía y a la resistencia. También están aquellos que se mueven por una ambición, el exitoso DT Carlos Bianchi es un ejemplo de esta tipología. "Después de una victoria, mis equipos buscan otra victoria", contó él alguna vez en una entrevista y en esa insaciable sed de triunfo está una de las claves de su carrera. La insistencia, la terquedad y la constancia, también son buenas compañeras, están aquellos que encaran cada acción como si fuera la última, aquellos que buscan el gol en cada pelota que llega al área y son esos los que finalmente logran sus objetivos. "El fracaso no existe en el fútbol, ganar es dar todo lo que se tiene", dijo alguna vez Jorge Valdano y según parece ese también es el camino.

A jugar como los dioses

Existe una anécdota muy risueña pero no menos interesante para ver hasta dónde puede llegar un motivador en su afán de convertir el espíritu de sus dirigidos: cuentan que un delantero del Patrick Thistle (histórico club escocés) yacía inconsciente luego de chocar violentamente con un rival. El primero en acercarse al lesionado fue el masajista del equipo que luego de verlo reaccionar volvió con las noticias hasta donde estaba el Técnico. "No recuerda quién es", le comunicó el masajista, a lo que el técnico John Lambie respondió con una gran ocurrencia: "¡Perfecto! Dile que es Pelé y que vuelva al campo rápidamente".

Recurso 3: El valor del aplauso

El valor del aplauso ha perdido su verdadera capacidad de estimulación. Incluso están quienes dicen desmereciéndolo: "Yo no trabajo por aplausos". Sin embargo está psicológicamente comprobado que el aplauso estimula, anima y reconforta. Los artistas reconocen el valor del aplauso y por eso una vez lejos de la escena lo extrañan porque resulta adictivo para su ego, los mismos deportistas antes de salir a enfrentar un desafío se aplauden entre ellos en la boca del túnel y también están allí en el campo para aplaudir a aquel que cometió un error como señal de que igualmente el esfuerzo valió la pena. No es casual por otra parte que cuando un jugador se destaca durante todo el partido, el Técnico decida sacarlo minutos antes de que finalice el cotejo.

Sabe que ese jugador saldrá envuelto en aplausos solo dedicados a él y eso lo hará más fuerte y competitivo. Es poner en evidencia los logros ante los demás, un ejercicio que los empresarios deberían poner en práctica con sus subordinados como forma de reconocimiento.

Levántate y anda:
Reconstruir la motivación después de la derrota

En un escenario normal, como motivadores sólo debemos dedicarnos a aplicar bien todas las herramientas propias del buen motivador; pero posteriormente a un escenario de derrota, momento en que todas las tácticas, estrategias y diatribas que incitaban al triunfo comenzaron a sonar huecas, las maneras se transforman.

Por un lado la derrota funciona positivamente ya que ese momento de caos transitorio puede tomarse como un proceso de reorganización que nos vuelva más competitivos en el futuro. Incluso están quienes avalan la teoría de que una crisis se resurge con fuerzas renovadas y que la derrota puede trabajar positivamente el rol crítico del equipo para no volver a cometer los mismos errores.

Pero más allá de las aleccionadoras cuestiones de la derrota lo cierto es que la mayoría del equipo disminuirá notablemente su cuota de motivación, cuando no la hará desaparecer por completo. Una derrota puede resultar en un estado de parálisis transitorio alimentado por la frustración. Y pocas organizaciones están tan fuertemente preparadas como para hacer frente a una crisis y necesitan elaborar un proceso de duelo que funciona como una transición al comienzo de una nueva etapa. Lo importante en un motivador es respetar estos tiempos del grupo e ir sutilmente repartiendo de manera inteligente la energía del equipo para que todos los esfuerzos no se concentren en autoflagelarse por el objetivo no cumplido y comiencen a dar señales de nuevos horizontes.

El poder ilimitado de la automotivación

Debemos recordar que la motivación es fruto de una fuente externa y que la verdadera motivación es la que surge de nuestro interior porque nada resulta mejor que cuando son tus propias convicciones las que te empujan hacia adelante en pos de un objetivo. Sin embargo no solo se trata de una cuestión de voluntad. No es decir "quiero estar motivado" y el asunto comienza a funcionar.

Existen, como en todos los ámbitos de la vida ciertas indicaciones a seguir para que la cuestión sea aplicada eficazmente.

En primer lugar, usted cree que es posible hacer mejor las cosas que como las está haciendo en este momento y que la responsabilidad de mejorar es solamente suya. También es muy importante conocer el motivo por el cual usted necesita automotivarse. ¿Qué es lo que lo mueve a hacer tal cosa y no otra? ¿Cuáles son sus objetivos últimos? Si usted da con ese secreto gran parte del trabajo estará resuelto y cada mañana sabrá porque se levanta, lo que no es poco.

> "Es interesante, y le hace bien al jugador, saber que tiene uno atrás que le pelea el lugar y que en cualquier momento puede sentarlo en el banco".
>
> Oscar Ruggeri
> (ex jugador de la Selección Argentina y actual DT)

Es bueno también recurrir a grandes ejemplos que nos digan con su historia que lo que buscamos es posible porque ellos lo lograron antes. Es bueno también tener una guía, un ejemplo en el cual apoyar sus creencias. Así contará con una fuente de inspiración. A todos estos elementos, claro que debe sumarle básicamente una actitud positiva, una alta cuota de autoestima y autoconfianza.

Hasta el más grande futbolista de todos los tiempos necesitó de la automotivación para llegar a cumplir sus objetivos. Visto a la distancia, el camino profesional de Diego Armando Maradona fue un tránsito natural hacia un destino inevitable, sin embargo las negativas también se cruzaron más de una vez en su camino y debió superarse día tras día. No nos olvidemos que Maradona fue dejado fuera de la Selección Nacional a los 17 años en 1978, y cuando todos lo señalaban como un integrante cantado del plantel de César Luis Menotti. Sobreponerse a tal desilusión no habrá sido sencillo pero vaya si se repuso ya que al año siguiente se superó brillando como figura de la Selección juvenil campeona Mundial en Tokio. Y no es que allí se le abrió el camino como a un iluminado, todo lo contrario, Maradona tuvo su oportunidad de integrar la Selección mayor en el Mundial de España de 1982 pero la actuación de todo el equipo fue anodina y se tradujo en una rápida eliminación. Lo cierto es que nuevamente Maradona se levantó y cuatro años después fue figura del Mundial del México 86' que la Selección Nacional ganó de punta a punta. Un ejemplo de un camino, a pesar de un enorme talento innato, que precisó de paciencia y superación.

Recurso 4: Hacerse más fuerte en la adversidad

Algunos sujetos ceden ante las presiones y si son acosados por las exigencias bajan su caudal de motivación y se retraen. Sin embargo, también existen individuos que potencian su ímpetu cuando se ven agredidos o desafiados por situaciones límite o por rivales.

Jorge Valdano explica que "Si te agreden es porque eres bueno, porque te temen. Esa ilógica es la implacable lógica del enemigo y está registrada en el código de conducta más elemental del hincha de cualquier parte. Apunta al ánimo del adversario, pero sólo hace diana en los pobres de carácter"; más llanamente el ex jugador Roberto Perfumo sentencia que "Los buenos jugadores se ven cuando su equipo va perdiendo; cuando va ganando hasta el más cagón la rompe".

Los peligros de la sobremotivación

Es claro que todos los directores de equipos desean tener subordinados muy motivados pero muchos, en pos de ese objetivo, cruzan una línea de exigencia que no es para nada saludable. Así como la motivación es una herramienta clave para cambiar la actitud de un equipo, el exceso de motivación funciona en sentido directamente inverso.

Hasta cierto límite la eficacia profesional y el nivel de motivación están relacionados pero más allá de ese límite comienzan los problemas. Un director que sobreexige en la motivación a sus dirigidos puede hacerles perder a estos el rumbo no solo de sus objetivos profesionales sino también el orden de su vida extra laboral.

- **Motivar por la positiva.** La Selección Argentina dirigida por Carlos Bilardo fue la primera en hacer pie en tierras aztecas en pos de ponerse a punto para el inminente Mundial de México 86`. "Somos los primeros en llegar porque queremos ser los últimos en irnos", pronosticó el DT a sus dirigidos y el presagio no se quedó corto.

- **Motivar por la negativa.** Antes de partir a jugar la Copa del Mundo en México, Carlos Salvador Bilardo le habló a sus dirigidos: "En la valija pongan un traje y una sábana. El traje lo vamos a usar cuando bajemos del avión con la Copa y la sábana por si perdemos y tenemos que irnos a vivir a Arabia".

Un individuo sobremotivado comienza a dar muestras de tensión ansiedad, estrés, depresión y a traducir su exagerado esfuerzo en problemas de salud y conducta que lo vuelven improductivo. Claro, que el problema es aún de mayor magnitud cuando todas estas señales de alarma comienzan a invadir y a derrumbar la vida priva-da del individuo sobremotivado que ve atacada su intimidad con la sobreexigencia laboral.

> "El problema es que acá se confunde motivación con presión. En mi última etapa en San Lorenzo yo siempre decía: `Escuchenmé, muchachos, vamos a ir a jugar al fútbol, no a la cámara de gas`. Hay pibes que están tremendamente presionados".
>
> Héctor "Bambino" Veira

La sobremotivación puede darse cuando se apunta a objetivos muy exigentes o a varios objetivos a la vez. Incluso pueden cumpli-mentarse esos objetivos pero una vez terminado el desafío el suje-to objeto de la sobremotivación quedará casi inservible para enca-rar nuevos desafíos.

Como conclusión debemos tener en cuenta que un motivador que se precie de tal título, debe, además de saber motivar a su equipo, conocer los límites de cada uno de los integrantes, implementar una acción para cuidarlos y evitar por todos los medios no llegar al límite de quemarlos en pos de un objetivo.

Notas:
24. Enrique Macaya Márquez. *Mi visión del fútbol*. Editorial Temas. 1996.
25. Roberto Perfumo. *Jugar al Fútbol*. Colección Los Maestros. Perfil Libros.1997

✔ Luego de una inteligente motivación el sujeto no vuelve a ser el mismo, su ímpetu ha crecido y la valoración sobre sí mismo es más positiva.

✔ Un buen motivador deberá contar con una oratoria vibrante, con una dialéctica convincente, con una imagen que inspire confianza, y con recursos que lleguen directo al corazón y la mente de sus dirigidos.

✔ Un buen motivador no puede aplicar la misma técnica con todos los individuos, primero debe conocer en detalle las potencialidades del otro que son posibles desarrollar. Un motivador que intente motivar aspectos inexistentes del otro obtendrá un efecto totalmente opuesto a lo deseado.

✔ No solo es cuestión de aplicar una fórmula motivadora sobre un individuo para que este cambie su actitud por completo, también debe estar latente este cambio de postura en la psicología del motivado.

✔ Una derrota puede resultar en un estado de parálisis transitorio alimentado por la frustración. Lo importante en un motivador es respetar estos tiempos del grupo e ir sutilmente repartiendo de manera inteligente la energía del equipo para que todos los esfuerzos no se concentren en autoflagelarse por el objetivo no cumplido y comiencen a dar señales de nuevos horizontes.

✔ Así como la motivación es una herramienta clave para cambiar la actitud de un equipo, el exceso de motivación funciona en sentido directamente inverso.

Capítulo 9

Táctica y estrategia

Tanto en el ámbito deportivo como en cualquier acción a la que se aplique, la táctica y la estrategia son términos que frecuentemente se prestan a equívocos. Justamente por ello y para saber a qué nos referimos cuando decimos "táctica" y a qué aludimos con "estrategia", es que vamos por sus definiciones.

En principio debemos tener en cuenta que la estrategia está relacionada con los asuntos planificados con antelación. Claro que los tiempos de previsión a los que puede echar mano la estrategia pueden ser de los más variados: su objetivo pueden ser situaciones muy próximas, medianamente próximas o a producirse en un tiempo más bien holgado. Por caso, una estrategia aplicada a largo plazo puede referirse al proceso de Selección previo a la formación de un equipo (desde la compra de un jugador hasta elegir quiénes saldrán a la cancha en determinado partido); también cuando se programa en base a los integrantes del equipo un entrenamiento y una alimentación adecuados a éstos. Además, tiene relación con la estrategia a largo o mediano plazo el estudio y cuidado de todos los factores externos que deberá hacer frente mi equipo: puede ser un estudio del terreno (mojarlo para favorecer el juego de mi equipo sería una estrategia), o prever dónde vamos a jugar (si haciendo valer la condición de local o soportando la condición de visitante). Y más a largo plazo puede ser el trazado de objetivos globales como ser salir entre los diez primeros, clasificar para algún torneo internacional, mejorar el promedio del descenso, etc. En cambio si hablamos de estrategias a corto plazo podemos hablar de los cambios que se realizan durante el partido, o de buscar la sorpresa saliendo a atropellar al rival durante los primeros quince minutos de juego. Éstos son en realidad estrategias colectivas pero también existen estrategias individuales, lo que se propone cada uno de los integrantes del equipo: no recibir tarjetas, ponerse en ritmo de competencia, cuidarse de las lesiones, etc.

Por contraposición la táctica se refiere a lo que se realiza de forma inmediata, a objetivos inmediatos que deben resolverse en el momento y en la mayoría de los casos ante la propuesta del competidor. Se está aplicando una táctica cuando eludimos a un contrario, cuando evitamos que el contrario nos eluda a nosotros, cuando recuperamos el balón, cuando lo retenemos, cuando evitamos quedar en inferioridad numérica ante un ataque o cuando logramos quedar en superioridad numérica cuando atacamos. Como vemos, en la táctica, contrariamente a lo que ocurre con la estrategia, la improvisación supera a la planificación.

A su vez debemos tener en cuenta que la táctica siempre está subordinada al objetivo último de la estrategia. Y a su vez también la táctica está supeditada con la técnica. Yo puedo intentar hacer algo (táctica: eludir al arquero para llegar al gol) con un objetivo superior (estrategia: marcar un gol de visitante) pero todo deja de tener sentido si el jugador no tiene la capacidad (técnica) para llevar a cabo la acción.

Luego de ver detalladamente cada definición podemos arribar a la conclusión de que toda actuación tiene componentes que corresponden a la estrategia, a la táctica y a la técnica, que todo ello convive en una acción y que según como posemos la mirada podemos hallar elementos que abarquen cualquiera de las tres formas.

"Táctica viene de tacto. Es saber cuándo, dónde y cómo se deben hacer o no las cosas". [26]

Trasladando los conceptos al mundo de los negocios nos encontramos con que lo que se da en llamar "estrategia empresarial", que abarca el conjunto de metas y medios que definen y delimitan todas las acciones de la organización. La estrategia funciona en este caso como un marco de referencia que permite coordinar las actividades y aunar los objetivos de los diferentes sectores.

En una organización existen diversos niveles de acción: El personal que realiza las tareas más cotidianas y prácticas es el que está a cargo de la parte operativa, quienes están a cargo de las gerencias intermedias se ocupan de lo táctico de una compañía y por último quienes tienen los cargos más altos deben hacerse cargo de las decisiones estratégicas. En este escenario (para nada distinto del que planteamos en las cuestiones deportivas) el personal de nivel táctico, que vienen a ser las gerencias intermedias, tiene por función la supervisión del logro de las funciones operativas y el establecimiento de los planes de trabajo de corto y mediano plazo, y el personal de nivel estratégico, es decir la Alta Dirección, tiene la tarea fundamental de definir y viabilizar las estrategias empresariales, trabajando normalmente para el mediano o largo plazo por lo que definirá los movimientos de toda la compañía. Una vez más la táctica depende de la operatividad y a su vez ambas responden a la estrategia que marca el camino.

Pero, ¿cómo se define la estrategia a seguir? ¿Cómo se le da forma a lo que en el mundo empresarial dan en llamar visión estratégica? Para ello hay diversos modos pero la manera más clásica es que la propongan los directivos principales de acuerdo a su formación, a su experiencia y a su conocimiento del terreno, amén de recurrir a la poco institucionalizada pero siempre efectiva intuición. Un directivo que quiera desarrollar una estrategia primero debería ver en detalle el ámbito de su negocio, su rol en el mercado, sus expectativas, las expectativas de sus subordinados, y la relación de su emprendimiento con la sociedad. Esto es lo que se da en llamar Misión de una empresa. Luego viene el planteamiento de las metas, objetivos, por qué no sueños. ¿Hasta dónde quiere llegar usted con su negocio? Este segundo elemento se da en llamar Visión.

En conclusión, si lo que buscamos es elaborar un plan estratégico los primeros elementos con los que debemos contar son la Misión y la Visión y ello se decide en las cúpulas más altas de la dirección.

Recurso 5: El engaño

En el presente capítulo hacíamos referencia a la táctica como aquel recurso que se aplica para la solución inmediata. También caímos en la cuenta de que la táctica se aplica directamente para vencer al rival reaccionando ante un obstáculo que éste nos opone. Y tanto en el terreno futbolístico como en cualquier competencia, una de las joyas más preciadas dentro de la táctica es el engaño. Un terreno fértil para el engaño es el fútbol. Veamos entonces los secretos de este recurso.

La forma más clásica de engaño es el amague. Se trata de engañar al rival con movimientos inesperados, de trasmitir la sensación de ir para un lado cuando inmediatamente después se sale para otro lado. Jorge Valdano dice que "amagar es estafar con elegancia: se le da al marcador una información equivocada y el éxito depende de que se la crea". [27] El fútbol latinoamericano ha dado grandes ejemplos de amagadores comenzando por el brasileño Garrincha y siguiendo con René Houseman y Ariel Ortega por nombrar a algunos.

Como todo engaño su utilidad depende de la sorpresa del recurso por ello debe utilizarse en los momentos claves para desacomodar a las defensas contrarias. Bien lo define el *Diccionario Enciclopédico de Fútbol Olé* cuando hace referencia a la gambeta como un "recurso individual para esquivar al marcador. Mezcla de goce y utilidad", pero al mismo tiempo advierte sagazmente que "si se pone excesivo énfasis en el primer elemento en detrimento del otro, puede llegar a ser pernicioso porque la defensa se reacomoda si se hace una gambeta de más".

Otra forma de engaño similar, quizá menos vistosa pero tan efectiva como la anterior, es el llamado cambio de ritmo. Para aplicar este recurso la velocidad en el avance se ve repentinamente modificada. Puede aplicarse repetidas veces en un mismo avance: se duerme el balón e inmediatamente después se sorprende con un cambio de ritmo. Jorge Valdano lo define "como amagues hechos en el camino" y como ejemplo de su eficiencia solo tenemos que deleitarnos observando la jugada individual de Maradona en el segundo e histórico gol a los ingleses del Mundial de México 86`.

Pero quizá la forma máxima de engaño sea la aplicada por los grandes cracks del fútbol para sorprender a los rivales. Aunque parezca imposible grandes estrellas juegan a disfrazarse de jugador normal durante gran parte del partido para aparecer con toda su potencialidad cuando el rival ha bajado la guardia y así liquidarlo en poco minutos. Lo hacen los más importantes delanteros como Romario, que se pasean con aire desinteresado por el campo hasta que en un segundo, y cuando todos se han olvidado de ellos, dan vuelta un partido. Lo mismo hicieron en su momento grandes como Maradona y Pelé. Regulaban el ritmo, jugaban al toque sencillo y cuando nadie lo esperaba aceleraban durante unos minutos… ¡y todos asombrados!

Recurso 6:
Las tácticas que triunfaron en Alemania 2006

Ya que estamos en el terreno de las tácticas y las estrategias veamos qué planteos tácticos fueron los triunfadores en la última copa del Mundo Alemania 2006.

Italia, el campeón, dirigido por Marcelo Lippi se plantó con un 4–4–2. Esto significa que salió a defenderse con cuatro defensores que se proyectaban poco al ataque, con cuatro volantes en la mitad de la cancha (el lugar más poblado) que también podían llegar al arco y con dos delanteros de los llamados "tanques", típicamente europeos, pesados, resistentes y, por sobre todas las cosas, sacrificados y obstinados, papel que podían cumplir Inzaghi, Toni o Iaquinta.

Francia, en cambio, su rival en la última instancia, ofreció un 4–2–3–1, un esquema planteado por su técnico Doménech que fue tildado de mezquino y poco arriesgado. Claro es que solo atacaba con un delantero: Henry, pero estaba secundado por tres volantes con mucha actividad, manejo del balón y llegada: Ribéry, Malouda y el gran Zinedine Zidane. A su vez, en mitad de la cancha tenían el apoyo de dos grandes marcadores como Vieira y Makelele. Por último, esperaba con una línea ordenada de cuatro que poco y nada pasaba al ataque.

✔ La estrategia está relacionada con los asuntos planificados con antelación: situaciones muy próximas, medianamente próximas o a producirse en un tiempo más bien holgado.

✔ La estrategia empresarial abarca el conjunto de metas y medios que definen y delimitan todas las acciones de la organización. Funciona como un marco de referencia que permite coordinar las actividades y aunar los objetivos de los diferentes sectores.

✔ La táctica se refiere a lo que se realiza de forma inmediata, a objetivos inmediatos que deben resolverse en el momento y en la mayoría de los casos ante la propuesta del competidor.

✔ Para elaborar un plan estratégico los primeros elementos con los que debemos contar son la "misión" y la "visión" y ello se decide en las cúpulas más altas de la dirección.

Notas:
26. Roberto Perfumo. *Jugar al Fútbol*. Op. cit.
27. Jorge Valdano. *El miedo escénico y otras hierbas*. Op. cit.

Capítulo 10

Románticos vs. Pragmáticos

En el fútbol como en muchos otros aspectos de la vida, existen diferentes escuelas, distintas maneras de ver la realidad, bien antagónicas; y consecuentemente gente que se alinea detrás de una u otra filosofía. Por un lado están aquellos que ponen el acento en el resultado, en la eficacia a costa de todo y por otro lado están los que priorizan la creatividad, el espectáculo. Los primeros son llamados, en el mejor de los casos, pragmáticos, y los segundos reciben el nombre de románticos.

A aquellos que en el terreno del fútbol priorizan la obtención de resultados como único objetivo, también se los conoce coloquialmente como "resultadistas" y se los identifica porque son capaces de plantear un partido con el fin último de empatar y hasta de perder por una diferencia mínima, si es que esta alcanza para cumplir una meta (clasificar, salir campeón, evitar un descenso). Estos sujetos suelen, en pos de un objetivo, dejar de lado cualquier idea táctica y hasta en algunos casos extremos, olvidan algunos límites éticos. El Director Técnico "resultadista" intenta por todos los medios alejar de sí todo riesgo y consecuentemente prefiere rodearse de jugadores disciplinados y con espíritu de lucha antes que de jugadores arriesgados.

En la vereda totalmente opuesta se encuentran "los románticos" también conocidos por su apego a una filosofía casi artística del deporte también como "líricos". Estos individuos se caracterizan por buscar que sus equipos jueguen con genuina vocación ofensiva, que al mismo tiempo den un buen espectáculo, que hagan gala de una técnica depurada y, por supuesto, esperan ganar sin renunciar a todas las propuestas anteriores. Estos Directores Técnicos que forman equipos que juegan como se suele decir "el fútbol que le gusta a la gente" se rodean de jugadores de gran técnica y buen gusto, habilidosos y creativos. .

En el fútbol argentino, el Técnico más representativo del estilo pragmático es –sin dudas– Carlos Salvador Bilardo y tal es el tamaño de su figura que toda una corriente que entiende el fútbol de esa manera se ha dado en llamar "Bilardismo". Bilardo es a su vez heredero y aprendiz de la escuela de Osvaldo Zubeldía, quien fuera su técnico en Estudiantes de la Plata (Zubeldía fue uno de los primeros en recibir el mote de "antifútbol"). Quienes adhieren a esta escuela del resultadismo suelen formar equipos atados férreamente a tácticas preestablecidas, hacen un estudio sesudo de su rival para poder maniatarlo de cualquier manera posible y juegan hasta el límite del reglamento.

La escuela de los defensores del buen juego, está en cambio representada en el fútbol argentino por César Luis Menotti, y también su presencia es tan fuerte que los que adhieren a su idea del fútbol se alistan en la filosofía bautizada "Menottismo". El "Flaco" Menotti no solo defiende esta forma de ver el juego desde su lugar de técnico, sino que es algo que viene haciendo desde su pasado de jugador. Una anécdota que lo pinta entero es aquella que cuenta que jugando en el mismo equipo que Antonio Rattin, éste le pidió que corriera, a lo que respondió: "¿Correr? Sí, claro, lo único que falta es que para jugar al fútbol tenga que correr". Detrás de Menotti se alinean con igual énfasis en la defensa del juego espectáculo, los técnicos y ex jugadores Ángel Cappa y Jorge Valdano.

Dicen los pragmáticos...

"Tengo conocimiento de que Kaká es un futbolista ofensivo... pero no hay nada que no se pueda corregir".

Carlo Ancelotti
(DT de Milan, cuando su equipo contrató a la figura brasilera)

"Las finales hay que ganarlas por lo civil o por lo criminal".

Luis Aragonés

El mundo de los negocios por supuesto que no escapa a esta dicotomía entre aquellos que dan prioridad a los resultados y aquellos otros que dan primacía a la calidad. Por un lado tenemos a las organizaciones que se mueven con una visión cortoplacista y únicamente tienen como objetivo vender mucho y de forma rápida, sin preguntase en ningún momento el objetivo final de su organización y muy lejos están de dar prioridad a planes de formación de empleados, a campañas de marketing o a preocupaciones relacionadas con la comunicación. En la vereda contraria nos encontramos con aquellos que priorizan la calidad de sus productos, que piensan en ofrecerle a sus clientes productos confiables y satisfactorios (casi como un compromiso ético) y que por sobre todas las cosas trabajan todo el tiempo para alcanzar la excelencia.

"Desgraciadamente, la importancia del resultado ha ido superando cualquier intención de dar espectáculo. En ese aspecto los técnicos tenemos una responsabilidad importante".

José Pekerman

Claro que ambos escenarios tienen sus riesgos: las organizaciones que apuntan todos sus cañones a resultados en el corto plazo autoboicoitean su evolución e impiden que surjan nuevas ideas entre los componentes de su equipo, muy ocupados éstos en resolver los desafíos del día a día. Además, nos encontraremos con que organizaciones por el estilo que solo buscan vender, le darán prioridad justamente solo al departamento de ventas, descuidando los demás sectores con nefastas consecuencias en un futuro no muy lejano.

En cambio, las organizaciones que apuntan a la excelencia deben perseguir ese objetivo cada día de su existencia y para ello deben contar con el apoyo incondicional de cada directivo y empleado.

Si alguien no está convencido de esta filosofía de trabajo, difícilmente se puedan lograr los espacios y los climas propicios para avivar la formación y la creatividad del equipo y comiencen a surgir cortocircuitos en todo el entorno. Otro punto importante en este último caso es el cuidado de la satisfacción interna: si aquél que debe apuntar a la excelencia, se siente menoscabado en la calidad interna de su entorno, difícilmente pueda asumir el desafío de satisfacer a los demás de la mejor manera.

> "La diferencia entre jugar a ganar y jugar a no perder es a menudo la diferencia entre el éxito y la mediocridad. El fútbol se hace menos dramático cuando lo ejecutan los que saben".
>
> Marcelo Bielsa

> "Ganar queremos todos, pero sólo los mediocres no aspiran a la belleza".
>
> Jorge Valdano

> "Una vez, Van Basten me preguntó por qué nosotros teníamos que ganar y convencer y los demás sólo ganar. Le respondí: porque la victoria si no va unida a un juego bonito y que dé ilusión, se olvida rápido".
>
> Arrigo Sacchi

> "Parto de la premisa de que el fútbol es eficacia, yo juego para ganar, tanto o más que cualquier otro egoísta que piense que va a ganar de otra manera. Yo quiero ganar el partido. Pero no me rindo ante el razonamiento táctico como fórmula exclusiva para ganar, sino que creo que la eficacia no está desligada de la belleza".
>
> César Luis Menotti
> (ex DT de la Selección Argentina)

> "Si el fútbol fuera solo correr, en vez de hablar de Pelé y de mí, se discutiría sobre Ben Johnson y Carl Lewis".
>
> Diego Maradona

Como vemos, los dos escenarios son casos muy extremos, por lo que cabe preguntarse si es posible balancear ambas realidades en la búsqueda de un equilibrio que permita apuntar a la excelencia sin sufrir los avatares inmediatos del mercado. La respuesta una vez más, está en el terreno del fútbol y es aquí donde hace su entrada el periodista Enrique Macaya Márquez para crear conciencia de que "hay también una tercera alternativa, la de aquellos de más amplio criterio que buscan originalidad en su aporte, y si bien no han sumado mucho de diferente, han aprendido a elegir lo que suponen más importante de cada línea para agregar su propio bagaje (...) se construye un concepto que suma lo propio y lo ajeno; más sencillo, más modesto, menos soberbio, cuyo punto de partida es el conocimiento pleno tanto de las propias características y habilidades como de sus adversarios, en tanto éstos son tomados como agentes que pueden modificar la propia producción" [28], explica. Claro que en el fútbol, como en la vida, han triunfado tanto los planteos románticos como las propuestas pragmáticas y los resultadistas son aplaudidos cuando ganan y abucheados cuando (presa de su propia trampa) no logran el triunfo; en la vereda contraria la paciencia se acaba con los que juegan bello cuando se necesitan los resultados para evitar situaciones límite.

Carlos Bilardo, de quien decíamos que es el más pragmático de los resultadistas, a pesar de imponer un esquema férreo a sus selecciones Argentinas, nunca pensó en atar al gran Diego Maradona, que andaba libre y privilegiado por la cancha bajo su dirección técnica y César Luis Menotti, aplicó durante largo tiempo el achique (la técnica de adelantamiento de la línea defensiva para achicarle la cancha al rival y dejarlo en posición de *off side*) que si bien en su caso puede considerarse como una variante ofensiva, es una táctica organizada que responde a un estudio del rival y a una fina coordinación de su equipo. Incluso el mismo Jorge Valdano está reconociendo el beneficio del equilibrio de ambas filosofías cuando en su libro (que ya citamos varas veces) reconoce al Barcelona dirigido por Johan Cruyff como uno de los mejores equipos que tuvo el gusto de ver y define su elección con una frase rotunda que no da lugar a equívocos: "la belleza alcanzó el grado máximo: era útil".

Concluyendo, podríamos decir que no hay una regla fija y que solo es cuestión de adaptarse a las situaciones particulares y saber aplicar el método de trabajo a la medida del equipo con el que contamos.

Notas;

28. Enrique Macaya Márquez. *Mi visión del fútbol*. Op. cit.

✔ Existen organizaciones que se mueven con una visión cortoplacista y únicamente tienen como objetivo vender mucho y de forma rápida, sin preguntase en ningún momento el objetivo final de su organización, sin dar prioridad a planes de formación de empleados, a campañas de marketing o a preocupaciones relacionadas con la comunicación.

✔ En la vereda contraria están las organizaciones que piensan en ofrecerle a sus clientes productos confiables y satisfactorios (casi como un compromiso ético) y que por sobre todas las cosas trabajan todo el tiempo para alcanzar la excelencia.

✔ Las organizaciones que apuntan todos sus cañones a resultados en el corto plazo autoboicotean su evolución e impiden que surjan nuevas ideas entre los componentes de su equipo, muy ocupados éstos en resolver los desafíos del día a día.

✔ Las organizaciones que apuntan a la excelencia deben perseguir ese objetivo cada día de su existencia y para ello deben contar con el apoyo incondicional de cada directivo y empleado.

✔ Existe una tercera alternativa: la de aquellos que saben elegir lo mejor de cada una de las dos propuestas y equilibrarlas con algo de su propia cosecha.

Capítulo 11

De atrás hacia adelante:
Claves de una defensa inexpugnable.

"Defender también es un arte".

Roberto Perfumo

Quizá sea uno de los verbos más denigrados del fútbol: "defender". Y por lo menos en la teoría, muchos Directores Técnicos se llenan la boca dando cátedra sobre sus propuestas hiper ofensivas que ni por asomo tienen en cuenta la organización de su defensa. Y es que "defender" es un verbo con mala prensa, que resta adeptos y que levanta sospechas. Sin embargo la defensa es tan importante como el ataque mismo y cada tanto quedan expuestos esos equipos a los que nada les importa la organización de su última línea cuando terminan recibiendo tremendas palizas de sus rivales. También a la hora de la verdad quedan expuestos aquellos que una vez en la cancha se repliegan tanto que pasan a plantear todo lo contrario de su discurso. Sin embargo, no es tampoco solo cuestión de defender sin motivo aparente, por lo que vale hacerse unas cuantas preguntas: ¿Cuál es la medida de importancia exacta que debemos darle a la organización de la defensa? ¿Cuándo estamos descuidando nuestra última línea de juego? ¿Cuándo estamos siendo cautelosos en exceso? ¿Cuándo es el momento de defender y olvidarse del ataque? Veamos.

Una organización que solo piensa en la competencia y que se olvida de su propia iniciativa está condenada al miedo y a la inanición por exceso de recaudos; en cambio, una organización que brinda una importancia equilibrada a su competidor en relación con la atención que brinda a la explotación de sus propios recursos, tendrá muchas más posibilidades de salir bien parada de los desafíos. Recurriendo una vez más a la palabra autorizada de un DT, nos encontramos con que Juan Carlos Lorenzo, quien dirigió exitosamente al Club Atlético Boca Jrs. y a San Lorenzo de Almagro, ya advertía por los años 70' que: "Los equipos que pretenden una personalidad totalmente ofensiva, igualmente no deben dejar de lado los preceptos de una defensa sólida. Cualquier conjunto debe abocarse a la marcación desde el mismo instante en que el rival está en posesión de la pelota. En ese momento, toda la escuadra debe disponerse a recuperar el balón. Sin excepciones, las distintas líneas están obligadas a ello". [29]

Lo cierto es que algunos equipos en su afán de mostrar sus propuestas ofensivas hacen arriesgados experimentos defensivos: el más recurrente es armar una defensa de tres hombres (la conocida línea de tres). Y puede que en algunas ocasiones los resultados sean positivos, pero los espacios libres que se le dejan al rival son tentadores y en cuanto nuestro competidor está tan o más preparado que nosotros para el ataque, ahí llega la gran derrota. ¿Cuál sería entonces el número ideal de defensores? Lo más clásico y como todo clásico, seguro, es la línea de cuatro defensores (ver Ejemplo 3). Claro que existen variantes en la formación con línea de cuatro:

- **4-2-4.** cuatro defensores y dos volantes. Hasta aquí todos marcando en zona. Luego los cuatro delanteros, seguramente dos por afuera y dos por dentro. En forma deliberada este sistema deja descuidado el mediocampo: se lo deja avanzar al rival y se lo espera primero con los dos volantes de contención y luego sí con la organizada línea de cuatro para recuperar la pelota y volver a salir.
- **4-3-3.** Es casi lo mismo que en la propuesta anterior: Se baja un delantero que comienza a cumplir la función de volante. Se busca tener más equilibrio entre las líneas.

- **4–3–1–2.** Igual que el sistema anterior pero uno de los delanteros se retrasa un poco para funcionar como enganche (también llamado "media agua") entre la línea media y los delanteros. En la Selección de Passarella ese puesto era cubierto por Ortega unos pasos más adelantado que Almeyda, Verón y Simeone.
- **4–4–2.** Los cuatro volantes delante de la línea de cuatro defensores funcionan, según lo amerite la situación, en forma ofensiva y defensiva.
- **4–2–2–2.** Dos de los cuatro volantes de la línea de cuatro toman definitivamente una actitud más ofensiva para ganar el mediocampo.

Ejemplo 3

La línea de 4 más recordada en Rosario en los últimos veinte años. El Newell's Old Boys campeón del Apertura 1990 dirigido por Marcelo Bielsa.

Recién hacíamos mención a las líneas de tres, esa experiencia en la que el equipo arriesga más de lo deseable. Pero, también cabe preguntarse ¿cuándo un equipo se vuelve cauteloso en exceso? Cinco defensores parece más exceso que cautela. Sin embargo, si de defensas cautelosas estamos hablando, nada mejor que traer a la memoria al famoso "catenaccio" (ver Ejemplo 4), que, como su nombre lo delata (candado) tiene la función de un cerrojo, o sea prohibir la entrada de cualquier extraño, en este caso el rival.

Ejemplo 4

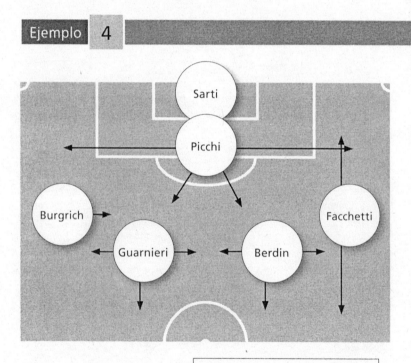

El Inter de los 60' con el "catenaccio" popularizado por Helenio Herrera

En este esquema, se para detrás de la línea de cuatro defensores un zaguero libre (líbero) que se ocupará de subsanar cualquier error que sus cuatro colegas cometan. Quien impuso internacionalmente el catenaccio fue Karl Rappan, técnico de la Selección Suiza de los años 50', para enfrentar la superioridad de sus rivales en obvia postura conservadora, y el sistema fue perfeccionado por el entrenador Helenio Herrera, para el Inter de los 60'. En la Argentina la adoptó como propia Osvaldo Zubeldía en el Estudiantes de la última mitad del 60'. Con respecto a la toma excesiva de previsiones defensivas Macaya Márquez dice que "No hacen falta once jugadores para defender si generalmente el bando atacante no puede –sin asumir riesgos suicidas– utilizar la misma cantidad para su ofensiva". [30]

Nadie graficó mejor este eterno problema de la defensa y el ataque que el entrenador brasilero Tim (quién fuera DT de Los Matadores de San Lorenzo). Tim hacía referencia a la imposibilidad táctica de que un equipo resulte equilibrado cuando se ataca o se defiende en exceso: "Si te cubrís atrás la frazada te queda corta adelante y si es al revés te resfrías atrás", fueron sus sabias palabras.

Por otro lado, tenemos bien en claro que "la defensa" está conformada por los hombres que integran esa última línea de la que venimos hablando pero ¿sólo ellos son los encargados de defender, solo ellos deben evitar que el ataque rival avance? La respuesta es "no". Ellos son los especialistas pero todo el equipo debe estar involucrado en la recuperación del balón ya que es en ese momento, en la recuperación de la pelota, donde nace la función de los volantes y los delanteros: De la recuperación comienza el ataque y por lo tanto ambas posiciones están muy relacionadas.

Volviendo al mundo de las grandes organizaciones podemos decir que éstas tienen tiempos: los hay propicios para salir a conquistar el mercado y para replegarse, estudiar a la competencia, reducirse al mínimo para sobrevivir. ¿Cuándo es el tiempo de replegarse, de defender? Las organizaciones, especialmente, tienen que pensar más en la competencia que en sí mismas y en su afán de conquista del mercado cuando están en un proceso de formación o pasando por un tiempo de reacomodamiento de funciones o renovación del personal. Por caso, deberíamos prestar atención a Juan Carlos Lorenzo, quien se hizo cargo hace más de tres décadas atrás de un plantel de Boca Juniors que se encontraba sumido en el caos y con una sequía de éxitos bastante importante y en poco tiempo se convirtió en uno de los técnicos más ganadores en la historia de la institución xeneize. Él muy bien lo explicaba diciendo: "Se nos tildó de equipo defensivo, de fuerza, exclusivamente dedicado a la destrucción. El camino elegido no presentaba dudas y las resoluciones prácticas tampoco. La seguridad hacia los logros planeados marcan un primer paso de resolución inmediata y fácil. Y ello es armar la defensa (...) la finalidad de una plantación fuertemente defensiva garantizaba los resultados y por consecuencia directa la tranquilidad para enhebrar otros trabajos sistemáticos y progresivos". [31]

Los secretos para aguantar un resultado

Si el rival se nos viene encima podemos responderle con la misma moneda utilizando el *pressing*, esto es mediante la marca asfixiante encima de quien tiene el balón y de aquellos que pueden recibirlo; otra posibilidad es achicarle la cancha mediante el adelantamiento de la línea defensiva para que tenga menos espacio para desarrollar su juego; al mismo tiempo podemos estar usando el *off side* como recurso defensivo que consiste en el adelantamiento de la defensa en forma coordinada y conjunta para provocar la posición adelantada del atacante.

Si nada de esto es aplicable porque nuestro rival nos supera en juego y actitud podemos optar por abroquelarnos, esto es amontonar la máxima cantidad de jugadores en defensa para complicar el juego del rival en los metros finales. Y ya cuando no nos sirve ni siquiera estar colgados del travesaño, llegó el momento de jugar al límite del reglamento: esto implica congelar el partido, demorar el juego, esconderle la pelota al rival y recurrir a las faltas tácticas.

✔ Una organización que solo piensa en la competencia y que se olvida de su propia iniciativa está condenada al miedo y a la inanición por exceso de recaudos.

✔ Una organización que brinda una importancia equilibrada a su competidor en relación con la atención que brinda a la explotación de sus propios recursos, tendrá muchas más posibilidades de salir bien parada de los desafíos.

✔ Hay tiempos propicios para salir a conquistar el mercado y hay tiempos de replegarse, de estudiar a la competencia, de reducirse al mínimo para sobrevivir: sobre todo las organizaciones tienen que pensar más en la competencia que en sí mismas y su afán de conquista del mercado cuando están en un proceso de formación o pasando por un tiempo de reacomodamiento de funciones o renovación del personal.

Notas:

(29) Juan Carlos Lorenzo y Jorge Castelli. *El fútbol en un mundo de cambios.* Editorial Freeland.
(30) Enrique Macaya Márquez. *Mi visión del fútbol.* Op. cit.
(31) Juan Carlos Lorenzo y Jorge Castelli. *El fútbol en un mundo de cambios.* Op. cit.

Capítulo 12

La mejor defensa es el ataque

Allá por inicios de la década del 70', Ajax, el equipo más famoso de Holanda, marcaba escuela. Su técnico, Rinus Michels, se animó y poco a poco fue madurando un sistema basado por sobre todas las cosas en la cooperación, la vocación ofensiva, la velocidad y la mentalidad ganadora. El sistema se dio en llamar "Fútbol total" por la movilidad incesante de todos los integrantes del equipo: todos atacaban y todos defendían por lo que a veces uno se podía encontrar con el avance de hasta cinco o seis jugadores del Ajax pisando el área rival al mismo tiempo. Lo cierto es que Michels vio los frutos de su trabajo cuando conquistó todos los títulos posibles con su Ajax en las temporadas de 1971 y 1972. Y, para que no se tome como una casualidad o se diga que sólo fue el encuentro de grandes nombres, Michels llevó al máximo su propuesta de fútbol total cuando le tocó dirigir la Selección holandesa que por su coordinación (y el color de su camiseta) fue bautizada como "La Naranja Mecánica". Este plantel logró un meritorio subcampeonato en el Mundial del 74'. (ver Ejemplo 5)

Claro que hoy sería una ilusión creer que un equipo puede atacar con tantos jugadores como lo hacía el Ajax en aquellos tiempos, pero la lección por aprender no pasa por la cantidad de jugadores en ataque sino por todos los demás aspectos: coordinación, velocidad, cooperación. Aplicado al terreno de los negocios usted debería saber que si decide salir a comerse el mercado, a voltear competidores, primero debe tener a todo su equipo funcionando como aquella entrañable "naranja mecánica" y marcados por una arraigada cultura motivacional y lo que es más importante, con un equipo dispuesto a cooperar en todos los lugares de la cancha,

Ejemplo 5

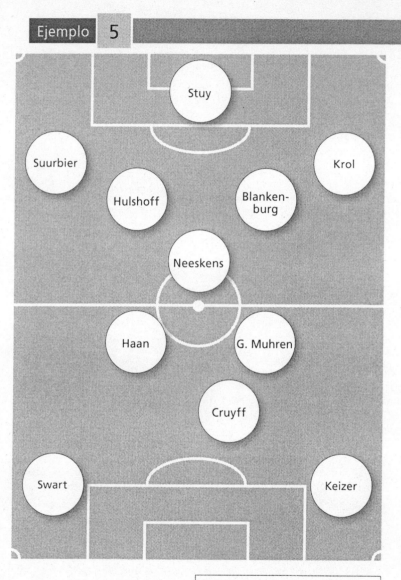

La formación del Ajax que se alzó con la copa Intercontinental en 1972.

que cuando ataque, todos se dispongan a atacar y que cuando haya que defender, todos por igual transpiren la gota gorda para recuperar el balón.

En el fútbol actual, si alguien quiere parecerse aunque más no sea por asomo al Ajax de Michels debe optar por lo que se llama "avanzar en bloque", o sea involucrar a todo el equipo en la función ofensiva con el debido ordenamiento táctico. Hoy se considera medianamente arriesgado a un equipo que se planta con una formación 3–5–2 y aún así, más que un equipo netamente ofensivo, se trata de una propuesta con un mediocampo generoso.

Lo cierto es que el escenario que plantean las grandes ligas y torneos de fútbol carece de valentía y abruma con su cautela. "El ataque" está en boca de muchos entrenadores pero a la hora de la competición es una palabra prohibida para unos cuantos. Sin ir más lejos podemos remontarnos apenas al último Mundial de Alemania 2006 donde en la etapa eliminatoria (esto es de octavos de final en adelante) los partidos solo se abrían con un certero tiro libre (cuando no terminaban en los penales). Sin embargo, el técnico del seleccionado italiano que finalmente se hizo con el trofeo, Marcelo Lippi, había declarado días previos a la competencia a la agencia DPA un valiente "creo en el fútbol de ataque" y aún más se había envalentonado diciendo que "un equipo puede atacar con cinco e incluso seis jugadores al mismo tiempo. Todavía habrá cuatro en defensa. Si el equipo está bien organizado, se puede hacer". Claro que poco cumplió con este postulado a la hora de la verdad (y sus figuras terminaron siendo su arquero Buffon y su defensor Cannavaro). Sin embargo, obtuvo el pasaje a la final cumpliendo por unos minutos su promesa del fútbol ofensivo: fue cuando liquidó en el tiempo suplementario al local Alemania, poniendo en la cancha juntos a Pirlo, Del Piero, Totti y Gilardino, todos hombres de gran vocación ofensiva. Y entre tanta cautela era imposible que un poco de osadía no rindiera sus frutos.

Algunas formas para irse encima del rival

Podemos optar por adelantar la defensa en línea para provocar lo que se da en llamar achique ofensivo. Este movimiento en el que se adelanta toda la línea defensiva en forma conjunta y coordinada es más ofensivo cuanto más cerca del campo rival se hace; también podemos intentar agrandar la cancha y en esto se trata de ampliar el frente de ataque jugando hacia los costados. Por último, y en nuestro afán de atosigar al rival, lo podemos apretar desde su salida misma con el esfuerzo y la cooperación de los delanteros que tienen que ir encima de los defensores rivales hasta cansarlos.

✔ Usted debería saber que si decide salir a comerse el mercado, a voltear competidores, primero debe tener a todo su equipo funcionando como aquella entrañable "naranja mecánica" y marcados por una arraigada cultura motivacional y lo que es más importante, debe contar con un equipo dispuesto a cooperar en todos los lugares de la cancha, que cuando ataque todos se dispongan a atacar y que cuando haya que defender, todos por igual transpiren la gota gorda para recuperar el balón.

Capítulo 13

Crisis: Hora de parar la pelota

¿Qué entendemos por crisis? En principio, podemos decir, que es consecuencia de un acontecimiento extraordinario o de la suma de una larga fila de acontecimientos.

Lo cierto es que esta situación llega para afectar la estabilidad de la organización. Claro que no todas las crisis tienen un origen similar y por ello es tan difícil esperar su llegada con la guardia en alto.

El momento de crisis es ese donde se piden los más grandes esfuerzos, las más grandes muestras de convicción en el hacer. En un equipo de fútbol, el DT es consciente de que han quedado por un tiempo olvidadas las ideas de reforzar el equipo, de agrandar el plantel o la infraestructura de entrenamiento. Es tiempo de arremangarse, trabajar duro y adaptarse lo mejor posible a una nueva realidad. Es aquí donde entra en juego la creatividad de aquel que está al frente del equipo y también sale a flote su verdadera personalidad.

En casos como éstos, ¿quiénes son los Directores Técnicos más solicitados?, pues seguramente no los que lleguen con extrañas exigencias que el club no puede afrontar y sí los que tengan la capacidad de hacer más con menos y de desarrollar al máximo las potencialidades ocultas de su equipo. Es tiempo de cuidar el patrimonio del club y al mismo tiempo de comenzar una ardua tarea de reconstrucción de imagen y reposicionamiento.

Preparados para lo peor

Si bien es claro que las crisis tienen cantidad infinita de variables en sus orígenes, es posible estar altamente preparados para hacerles frente a las que acaecerán en el futuro. Una organización que se prepara para enfrentar diferentes escenarios de crisis tiene muchas más posibilidades de salir airosa de ellas.

En el caso de las organizaciones comerciales el primer paso sería confeccionar un completo manual de crisis donde sistematizar las distintas soluciones posibles para hacer frente al mayor número de variables de riesgo. En este manual deberían volcarse en forma clara los elementos básicos para abordar situaciones contingentes, inmediatamente después de ocurrido el acontecimiento. También para hacer frente a una crisis es indispensable contar con un comité integrado por la alta dirección y los representantes de los distintos sectores.

> "Producir una crisis siempre es más fácil".
>
> Manuel Pellegrini
> (ex DT chileno de River Plate
> y San Lorenzo)

Y quizá uno de los puntos más importantes a tener en cuenta sea el de las nuevas tecnologías, elemento que durante una crisis podemos hacer valer a nuestro favor o que por el contrario puede volvérsenos en contra. Nuevas tecnologías significa acceso masivo, globalizado e inmediato a la información y cuando decimos inmediato estamos diciendo en el mismo momento de producido el hecho. Esta velocidad de los acontecimientos puede resultar en una capacidad de multiplicación inusitada por lo que un hecho menor puede transformarse en un acontecimiento de alta notoriedad. Igualmente se pueden echar a correr rumores por la web que tendrán un gran alcance conformando un escenario del que será trabajoso volver.

"Cuando no se gana, siempre hay errores".

Ramón Díaz
(ex jugador y actual DT argentino)

Decíamos que también podemos hacer jugar las nuevas tecnologías a nuestro favor y esto es debido a que éstas nos proporcionan la posibilidad de hacer un seguimiento de nuestra propia crisis en los medios (*on line*) y este seguimiento es sobre material altamente actualizado. Así también nosotros podemos dar réplica inmediata mediante los medios *on line* sobre aquellos rumores que debamos dar de baja o sobre aquellos mal entendidos que necesitan una rápida corrección. También es a través de estos nuevos medios donde podemos mostrar a la comunidad nuestra preocupación por normalizar la situación y cómo estamos trabajando en ello.

Y si bien todo el equipo debe hacerse fuerte y ágil en respuesta ante una crisis, uno de los papeles más importantes durante estos tiempos recae en el vocero de la organización ya que la principal preocupación debe ser salvaguardar la imagen corporativa. Claro que no todas las crisis tienen las mismas repercusiones en el exterior de la Compañía misma: algunas solo quedan en sofocones internos. Sin embargo, a veces, lo que parece un simple problema doméstico termina por socavar el grupo y de allí a la gran notoriedad pública hay un paso. Pongamos por caso el *affaire* Ameli–Tuzzio ocurrido en el River Plate de Leonardo Astrada no hace tanto tiempo (2005). ¿Lo recuerdan?, los dos defensores centrales, uno de ellos líder del equipo (Ameli), habían tenido un fuerte desencuentro. Grandes amigos de toda la vida, se enemistaron por una cuestión de polleras o por una cuestión económica, este aspecto nunca quedó aclarado del todo pero qué más da, no viene al caso. Lo cierto es que algo que podría haber quedado encerrado en la intimidad del equipo, explotó en una de las instancias finales de la Copa Libertadores de América, el torneo más prestigioso del continente, el grupo se resquebrajó, lo sintió con fuerza en su rendimiento y quedó fuera de toda competencia y sin respuesta.

En este contexto la tarea del vocero y del grupo de comunicación institucional todo, es ardua: evitar vacíos de información que den lugar a rumores, monitorear una inmensa cantidad de medios, dar aclaración a las informaciones erróneas, determinar la forma de comunicar, etc. Claro que todo lo hace con la aprobación del comité formado para la ocasión pero lo fundamental es que la comunicación esté centralizada en un profesional de la cuestión y por sobre todas las cosas en alguien que pueda opinar con cierta distancia sin caer en las respuestas emocionales. Esta situación también es fácil de verla reflejada en un campo de juego: después de una humillante derrota muchos Directores Técnicos arrastran a sus dirigidos raudamente al vestuario protegiéndolos de la prensa y es que es momento de una ducha, una charla y recién luego estarán en condiciones de analizar la situación menos pasionalmente, evitando así desbordes.

Sacar provecho de la crisis

No sin razón están quienes aseguran que el éxito de un equipo es el resultado de las decisiones acertadas, éstas son el resultado de la experiencia, y a su vez esa experiencia suele ser el resultado de las decisiones equivocadas. Por lo tanto, quienes ven las crisis solamente como problemas se están perdiendo una parte importante del asunto y olvidan que también pueden ser una fuente invalorable de oportunidades que surgen cuando el hombre apuesta a la creatividad abrumado por los desafíos. Hay que pensar que no es casualidad que una civilización milenaria como la china compusiera la palabra "crisis" con dos símbolos que representan el peligro y la oportunidad.

Quien quiera cotizar a su favor una crisis debería empezar por hacer un buen análisis de su fracaso. El objetivo es descubrir cuáles son aquellas causas que nos llevaron a la crisis para, en un futuro inmediato, no volver a tropezar con la misma piedra. En esta etapa es clave la integridad y la confianza reinante en el equipo ya que para detectar las causas internas o externas que provocaron la crisis es necesario poder compartir los puntos fuertes y los puntos débiles del equipo sin entrar en conflictos.

También las crisis son positivas porque nos someten a una exposición que de otra manera sería imposible tener. El líder de una organización debe tener en claro que está siendo mirado por una cantidad de espectadores como, tal vez, no lo será nunca más en su vida. Si una organización puede dar muestras de agilidad en los reflejos y profesionalidad para dar vuelta una situación desfavorable, no solo habrá atenuado la imagen negativa del público, sino que además podrá hacer uso de una especie de publicidad gratis para dar a conocer su mensaje.

Sin embargo, lo mejor que puede ocurrirle a un equipo que pasó por una crisis es tener la oportunidad de volver a demostrar su potencial. La revancha es el momento apropiado para demostrar todo lo que se aprendió de una crisis.

✔ Crisis: consecuencia de un acontecimiento extraordinario o de la suma de una larga fila de acontecimientos. Llega para afectar la estabilidad de la organización

✔ El momento de crisis es ese donde se piden los más grandes esfuerzos, las más grandes muestras de convicción en el hacer.

✔ Si bien es claro que las crisis tienen cantidad infinita de variables en sus orígenes, es posible estar altamente preparados. Una organización que se prepara para enfrentar diferentes escenarios de crisis tiene muchas más posibilidades de salir airosa de ellas.

✔ Uno de los papeles más importantes durante los tiempos de crisis recae en el vocero de la organización ya que la principal preocupación debe ser salvaguardar la imagen corporativa.

✔ Las nuevas tecnologías (acceso masivo, globalizado e inmediato a la información) pueden jugarnos tanto a favor como en contra.

✔ Quienes ven las crisis solamente como problemas se están perdiendo una parte importante del asunto y olvidan que también pueden ser una fuente invalorable de oportunidades.

Capítulo 14

Prohibido perder. El miedo que paraliza

Mucho se ha escrito sobre los miedos, grandes protagonistas de nuestro nuevo siglo y, como ya vimos a lo largo de estas páginas, la audacia no es un bien que abunde en los planteos tácticos de los actuales planteles de fútbol. Y son los mismos Directores Técnicos quienes, desde su lugar de educadores, van transmitiendo a sus dirigidos el miedo a perder. Lo hacen con sus planteos tácticos, con su cuidado excesivo ante el rival de turno, lo dejan traslucir, también, cuando eligen a los jugadores disciplinados sobre los habilidosos. Así resultan equipos que juegan a reventar la pelota lo más lejos posible de su arco y lo que es aún peor, planteles que ante una inminente derrota y presionados por la situación cruzan todas las reglas de la ética deportiva recurriendo a una violencia grosera.

Los directores técnicos miedosos solo tienen en cuenta los riesgos y así, de tantos recaudos que toman, quedan atados a su propia cautela llevando inevitablemente a su equipo hacia la inanición y la mediocridad. Encarar un partido con miedo a perder es igual a entregarle el balón al rival desde el vestuario mismo. Una vez planteada esta actitud lo único que queda es esperar al rival para contrarrestar su avance. Así se da prioridad a lo destructivo en lugar de lo creativo, a lo físico en lugar de lo técnico y al conservadurismo en lugar del atrevimiento.

Los Técnicos que plantean estos panoramas lo hacen pensando en la obtención de resultados positivos que le aseguren la tranquilidad en su cargo, pero contrariamente, en pos de privilegiar los resultados, raramente llegan a conseguir triunfos.

"Aumentó la presión. La que mete la gente y el periodismo. Hay una locura total. Y hay muchos técnicos que no tienen el material suficiente como para resolver ciertas situaciones. Quieren que ganés y por ahí las condiciones no están dadas. Si perdés dos partidos te rajan, no te dan tiempo, hay millones de casos de ese tipo".

Ramón Díaz

Decíamos que el mensaje bajaba desde la dirección técnica, pero ¿qué hay del jugador? Si bien forma parte de un equipo, el jugador está de alguna manera solo ante el desafío, y es por lo tanto un simple hombre metido en una situación límite y atacado por un rival que presa del mismo miedo, lo único que busca es superarlo. Por ello no solo pesa el mensaje cauteloso que baja desde la dirección técnica. El jugador en su afán de transitar por situaciones familiares que le permitan vencer su inseguridad (en un desafío de las dimensiones que adquiere el fútbol de elite) también se auto limita utilizando solo los recursos que sabe a ciencia cierta le darán resultado y arriesgando únicamente si es infinitamente necesario.

Y es que el jugador es cautivo del miedo escénico ¿Y qué es el miedo escénico? Bueno, quien popularizó la frase fue Jorge Valdano tomándola prestada del gran escritor colombiano Gabriel García Márquez y con ella se refirió al conjunto de temores que enfrenta un jugador en el momento de los grandes desafíos y que produce un estado inhibitorio que reduce la efectividad de las capacidades del afectado. Y es que en este deporte de alta competencia hay cientos de medios de comunicación, miles de fanáticos expectantes y mucho, pero mucho dinero y sentimiento en juego. Claro que el único miedo del futbolista no es el miedo a perder, decir esto es solo una manera de generalizar la situación. El psicólogo del deporte de los planteles juveniles de Ferrocarril Oeste, el Lic. Marcelo Roffé en su libro *Con la cabeza hecha pelota* hace un listado de los miedos más comunes que puede enfrentar un futbolista y entre ellos podemos destacar el miedo a ganar, el miedo a ser rechazado por el grupo o por DT, el miedo a la lesión, el miedo al rival, el miedo a perder la titularidad, el miedo a no dar lo que se espera de él, el miedo a ser rechazado por su entorno extrafutbolístico, el miedo al mal arbitraje y así podríamos seguir con muchos más.

> "En cualquier partido de potrero los que juegan arriesgan más: porque tienen menos que perder; en cambio, el futbolista profesional arriesga menos: porque tiene mucho que perder".
>
> Roberto Perfumo

Cuando hacíamos mención a la poca audacia reinante en el escenario futbolístico hacíamos mención a una especie de escuela del miedo. ¿Cómo puede traducirse esto en un grupo de trabajo? ¿Es que el líder de un equipo de trabajo puede trasmitirle miedo a sus subordinados? Sí, sin dudas, es posible y es una costumbre que fue ganando adeptos a medida que el mercado se fue haciendo más pequeño y competitivo. Algunos líderes trabajan muy duro durante largos años para obtener el máximo puesto en una organización y cuando están allí, en la cima del poder, claro que no imaginan dejar ese cargo bajo ninguna circunstancia. Es así como la permanencia en el cargo (al igual que un DT que partido a partido se juega su puesto) se convierte en una obsesión. Una vez más en el afán de permanencia es el líder quien atenta contra sí mismo. ¿Cómo lo hace? impidiendo el crecimiento de los integrantes de su equipo por temor a que alguno de ellos se le cruce por la cabeza arrebatarle el puesto y la consecuencia es que ese director queda a cargo del equipo, sí, pero de un equipo atemorizado y mediocre.

Estas situaciones de directores aferrados enfermizamente a sus cargos se presenta con más frecuencia en las organizaciones que dan pocas posibilidades de desarrollo y, por lo tanto, mucha competencia para un mismo sillón. Lo cierto es que un líder atemorizado da por resultado un equipo de subordinados atemorizados. Alguien que dirige desde el temor pierde el rumbo, y pasa a atentar contra las premisas básicas del buen gerenciamiento, sobre todo en lo que respecta a participación y comunicación. Un director temeroso de su permanencia en el cargo no puede permitirse un error por lo que nunca reconocerá sus equivocaciones y mucho menos pedirá la opinión de sus subordinados.

¿Y cómo repercute esto en el equipo? justamente con una gestión afectada en su nivel de productividad, desinteresada, resentida, poco comunicativa y –lo que es peor– temerosa. Y este temor es alimentado desde arriba por otra señal: el error se castiga duramente y la consecuencia directa es la falta de iniciativa y la inhibición absoluta de la creatividad. En un escenario así, arriesgarse sería suicida. También, claro, hay una presión muy grande para producir, y como siempre se trabaja a corto plazo, hay informes, reuniones, entregas, que no dejan tiempo para pensar, para cuestionar o mirar el futuro, y se continúa con las mismas rutinas.

Inclusive, en este nivel de enfermiza exigencia, no sólo se debe trabajar sino que además se debe aparentar que se trabaja. Un paralelo en el fútbol es la arraigada exigencia de correr. Hasta a los habilidosos se les pide que corran y así los distraen de su función principal de crear situaciones y espacios y todo por la equivocada idea de sacrificio que está instalada en los medios y en el público.

"Hay que manejar la ansiedad. Si es mucha paraliza y si es poca no moviliza". [32]

Recetas para vencer al miedo

¿Cómo hace un profesional del fútbol para domar los pensamientos negativos y los miedos que le vienen a la mente en plena competencia? ¿Cómo se controlan estas sensaciones para impedir que anulen sus condiciones naturales?

Muchas veces no pasa por aniquilar el miedo, un sentimiento natural que surge en el hombre y difícil de impedir en su nacimiento. En todo caso la clave estaría en un primer momento por lograr controlarlo para que no interfiera en nuestra acción. También debemos tener en cuenta que los miedos disminuyen a medida que aumenta nuestra confianza e ,incluso, así como pueden actuar como un paralizante, también podemos hacerlos jugar a nuestro favor como desafiantes. Incluso, algunas personalidades actúan mejor cuanto más grande es el desafío.

"El miedo nunca puede ser educado por completo pero la experiencia es un grado que te enseña a dominar el nerviosismo atenazante". [33]

En la batalla contra el miedo la verdadera competición es con uno mismo. Teniendo en cuenta ciertos consejos se irá dominando el miedo cada vez más:

- **La única manera de autogenerar confianza es estar seguros de nuestras capacidades.** Para ello es bueno dedicarle tiempo a mejorar nuestras habilidades. Es cierto que pocas veces rendiremos tan bien como en un entrenamiento, pero la práctica nos va dando una seguridad que nadie nos da.
- **Debemos estar orgullosos de nuestra tarea.** Es bueno escuchar a quienes nos critican de buena fe pero es conveniente alejarse de aquellos que buscan hacer mella en nuestra confianza.
- **Tener en cuenta que solo respondemos por nuestra auto superación.** La competencia es con nosotros mismos. No busquemos responder a las expectativas desmedidas que depositan los demás sobre nuestra persona.
- **No esperemos deslumbrar siempre.** El objetivo debe estar puesto en mejorar día tras día y en mantener un nivel constante y satisfactorio.
- **Concentrémonos en nuestra función y nuestra tarea.** No te debemos dejarnos distraer por los demás.

- No dejar que un error tire abajo nuestra autoestima. De los errores también se debe sacar provecho para nuestro mejoramiento.

✔ Cuando la permanencia en el cargo se convierte en una obsesión, el mismo líder en su afán de permanencia atenta contra sí, impidiendo el crecimiento de los integrantes de su equipo por temor a que alguno de ellos quiera arrebatarle el puesto.

✔ Estas situaciones de directores aferrados enfermizamente a sus cargos se presenta con más frecuencia en las organizaciones que dan pocas posibilidades de desarrollo y por lo tanto mucha competencia para un mismo sillón.

✔ Un líder atemorizado da por resultado un equipo de subordinados atemorizados. Alguien que dirige desde el temor pierde el rumbo, y pasa a atentar contra las premisas básicas del buen gerenciamiento, sobre todo en lo que respecta a participación y comunicación.

✔ El resultado es una gestión afectada en su nivel de productividad, desinteresada, resentida, poco comunicativa y, lo que es peor, temerosa.

Notas:
32. Roberto Perfumo. *Jugar al Fútbol*. Op. cit.
33. Jorge Valdano. *El miedo escénico y otras hierbas*. Op. cit.

Capítulo 15

Deficiencias en la comunicación: ¿A qué estamos jugando?

Cuando un equipo logra hacer correr el balón por la cancha entre sus integrantes y el rival sólo puede responder con esfuerzos inútiles por recuperar la tenencia del mismo, comienzan automáticamente a bajar los "oles" desde las tribunas. Es que los espectadores premian y gozan con esta circulación coordinada, muestra de la clara superioridad de un equipo sobre el otro. A esto se lo llama "hacer circular la pelota" y no es otra cosa que mover el balón de un lado a otro del campo. En cambio cuando el rival logra recuperar el balón e impide reiteradas veces que el equipo contrario hilvane alguna de estas jugadas, se dice que logró "cortar el circuito" del rival y aquí es cuando comienzan los problemas. Un equipo que no logra conectar más de dos pases seguidos por impericia propia o por el atosigamiento del rival, está condenado a caer en un caos del que difícilmente se podrá recuperar en los noventa minutos de partido. Sus jugadores quedan aislados unos de otros y comienzan a intentar jugársela solo con escaramuzas individuales. A veces funciona, pero solo a veces. En una organización estaríamos hablando de problemas de comunicación interna y vaya si es un problema de importancia.

La deficiencia de comunicación representa el 70 por ciento de los problemas en las organizaciones. En un verdadero equipo no puede haber información desviada o escondida, todos deben compartirla, intercambiarla. Decir que una Organización sin comunicación es una organización sin futuro no es una exageración. En una organización sin buena comunicación, los empleados se sentirán aislados, menospreciados y bajarán su rendimiento. Los mismos integrantes del equipo comenzarán a perder el foco de la organización y buscarán su propio beneficio.

En las organizaciones conviven personas con diferentes posturas ante el mundo y lo más probable es que si falla la comunicación interna comiencen a aflorar las individualidades. Deberíamos tener en cuenta que pocas organizaciones son tan heterogéneas como un equipo de fútbol (alguien de origen muy humilde convive con un "chico bien") por lo que es bueno prestar atención a los planteles que logran una armónica convivencia ya que el resultado es doblemente meritorio.

La buena comunicación interna permite fortalecer y recrear la identidad grupal y garantiza que cada miembro cuente con la información necesaria para hacer su tarea. Una buena comunicación interna supone que todos conocen cuál es su rol dentro de la compañía. Además, ayuda a detectar problemas y soluciones a tiempo.

Características del buen comunicador

Si bien, el fin último de un plan integral de comunicación interna es que todos los miembros de la organización sean al mismo tiempo comunicadores y receptores, es el director de la organización quien debe tomar la iniciativa, mostrarse en un papel activo como comunicador y apuntalar el contagio de esta situación.

El Director de un equipo debe entender que comunicar los objetivos estratégicos de la organización a sus subordinados es el primer paso (fundamental) para lograr el apoyo del personal a su cargo. Que todos conozcan la visión y la misión de la compañía potencia las energías y las aúna en pos de un objetivo ya conocido. Dentro de la visión también se comunican los valores con los que se va a transitar ese camino.

Quien dirige un grupo también debe crear un clima propicio para el debate de ideas. Los integrantes de un equipo deben sentirse escuchados, de otra manera no podrán funcionar ellos mismos como comunicadores dentro del grupo. Y uno de los puntos más importantes en un comunicador es la credibilidad, lo que quiere decir que los mensajes no solo tienen que ser convincentes y verdaderos sino que además deben sonar creíbles.

Un director con dotes de comunicador sabe cuándo es momento de lanzar un mensaje y cuándo no, toma él mismo la iniciativa de comunicar, sabe escuchar, fomenta la comunicación en el grupo, transmite ideas útiles, es claro y la información que transmite es útil.

Las ventajas de una buena comunicación

Saber comunicar bien es, en principio, la clave para un perfecto entendimiento pero, además, es una herramienta fundamental para la motivación del grupo: mantener a los empleados de una compañía informados acerca de decisiones y acciones que toma la gerencia, crea en los individuos un sentido profundo de pertenencia.

Así mismo, los empleados que están al tanto de los movimientos de la compañía se identifican con las ideas y objetivos de su organización y lucharán porque su esfuerzo colabore con el éxito de la misma. También con buena información, cada empleado logra comprender su papel dentro de la organización y se motivará para realizar mejor su trabajo para beneficio propio y de la empresa en general.

Pero de nada sirve la predisposición a la comunicación si no existen canales de comunicación eficientes que nos aseguren que la información llega a las personas deseadas y en el tiempo y la forma requerida.

✔ La deficiencia de comunicación representa el 70 por ciento de los problemas en las organizaciones.

✔ En un verdadero equipo no puede haber información desviada o escondida, todos deben compartirla, intercambiarla.

✔ En una organización sin buena comunicación, los empleados se sentirán aislados, menospreciados y bajarán su rendimiento.

✔ La buena comunicación interna permite fortalecer y recrear la identidad grupal y garantiza que cada miembro cuente con la información necesaria para hacer su tarea.

✔ Una buena comunicación interna supone que todos conocen cuál es su rol dentro de la compañía. Además, ayuda a detectar problemas y soluciones a tiempo.

✔ La buena comunicación interna es además una herramienta fundamental para la motivación del grupo: mantener a los empleados de una compañía informados acerca de decisiones y acciones que toma la gerencia, crea en los individuos un sentido profundo de pertenencia.

Capítulo 16

¡Peligro!: ¡Equipo aburguesado!

La falta de motivación en el trabajo, las frustraciones profesionales y la insatisfacción laboral son temas recurrentes en la agenda de pendientes de unas cuantas organizaciones. Si un equipo está haciendo lo mismo una y otra vez durante un tiempo, y lo que es peor aún, se ha acostumbrado a que todo ande sobre rieles, aún cuando saben que están dando su esfuerzo a cuentagotas, estamos en la puerta de una nueva crisis y tal vez debamos llegar a ese momento para sacudirnos la modorra. Pero, si podemos evitarlo, mucho mejor ¿no lo creen?

En el terreno del fútbol es un escenario que cada tanto se repite: se suceden los títulos y los festejos y, bruscamente, y cuando nada lo hacía suponer, llega una caída estruendosa. Puede que incluso ese equipo lo haya ganado todo y no le quede desafío por delante, pero ¿cuáles son las señales para enterarnos de que estamos en la puerta de una caída?

Las señales a las que aludimos encajan perfectamente tanto para un equipo de trabajo como para un plantel de fútbol. Por caso, podemos ver que ya nadie se emociona con los logros e incluso que se les da poca importancia; los integrantes del equipo comienzan a preocuparse más por asuntos no relacionados con su quehacer y esperan con ansias que termine su turno para salir disparados fuera del lugar de trabajo, mientras hacen cuentas tachando días para llegar a las vacaciones. La actitud general es la de dar lo mínimo posible para que todo siga funcionando y ante la aparición del primer problema todos optan por señalar a su compañero y no hacerse cargo de la situación.

Hablando de señales, vale traer a cuenta una anécdota que pinta entera la actitud de alguien que no tiene en su diccionario la palabra aburguesamiento. Según cuentan quienes fueron dirigidos por él, Carlos Salvador Bilardo no podía tolerar que los jugadores se pusieran las manos en la cintura (el clásico gesto del futbolista con los brazos en jarra, resignado y abatido). Era intolerante ante esta actitud y no se lo permitía a sus dirigidos ni en los entrenamientos.

Aprendiendo la lección

"Si en el Mundial 1978 veíamos que una pelota se iba afuera igual la corríamos con la intención de alcanzarla; en cambio en 1982, si veíamos que una podía llegar a irse, la dejábamos", son palabras de Osvaldo Ardiles, uno de los integrantes de la Selección Argentina, campeona Mundial en 1978, intentando explicar el por qué de la inesperada eliminación del Mundial de España 1982 casi con la misma base de jugadores que cuatro años antes. Y quien parece tener la respuesta a un fracaso protagonizado nada menos que por nombres de la talla de Maradona, Kempes, Ramón Díaz, Bertoni y el Pato Fillol, es el periodista Macaya Márquez: "Si bien muchos de los jugadores eran los mismos, éstos ya no eran iguales (…) Menos esfuerzo en la preparación, mayor preocupación por cuestiones no fundamentales en la concentración y una mirada superficial, hicieron perder la dimensión exacta de las formas. No había `hambre´; aquel equipo que había peleado contra Holanda en la final de 78' había dejado paso a otro más experto pero también más aburguesado". [34]

(…) Nunca hay que dejar pasar nada. Hay que ganar siempre. Hoy festejaste y es lindo, pero mañana empieza un día nuevo. Lo que te pasó es muy lindo, pero está en la historia. Esa es la mentalidad que hay que tener".

Oscar Ruggeri

Pero, según parece, el aburguesamiento es un proceso sigiloso, si no ¿cómo se entiende que ni el propio Carlos Bilardo, uno de los más exigentes y obsesivos de los técnicos argentinos no se haya percatado de que el virus había prendido en su plantel campeón de México 86? Lo cierto es que la señal de alarma sonó en plena competencia: con la misma base que había arrasado en el Mundial anterior, la Selección Argentina de Bilardo abrió el Mundial de Italia 90 y cayó derrotada por una desconocida Selección africana que hasta ese momento parecía que venía a hacer turismo: hablamos de Camerún y hoy es imposible olvidarse de aquella jornada.

> "(...) después que ganás es muy difícil volver a hacerlo, creo que no estábamos concentrados de la misma manera, o sea, no es una nota para buscar responsable, pero la realidad es que no estábamos concentrados, no estábamos con la misma entrega que tuvimos en el Mundial anterior. Ganar un campeonato del mundo te emborracha".
>
> Daniel Passarella
> (aludiendo al fracaso de la Selección
> Argentina en el Mundial de 1982)

Y tampoco es que el aburguesamiento sea un síntoma típico del espíritu argentino que se relaja ante la victoria. Pudimos verlo reflejado en la Selección francesa del Mundial de Japón 2002, que venía de mostrar todo su poderío ganando de punta a punta el torneo jugado en su casa en 1998 y con la misma base cuatro años después ni siquiera pasó la primera ronda. O más cerca en el tiempo la triste actuación del último campeón del mundo Brasil, que paseó a sus aburguesados laterales Cafú y Roberto Carlos por el Mundial de Alemania 2006 para hacer un triste papel.

Medicina para equipos relajados

"A los que pierden la humildad y dejan de practicar hay que darles un jarabe para que se les abra el apetito; el mejor remedio es el banco de suplentes".

Roberto Perfumo

Según parece lo mejor para que un equipo no se relaje es un técnico ambicioso y ganador. Allí está para confirmarlo con su seguidilla de logros Carlos Bianchi reconociendo que "No podemos quedarnos con que somos campeones del mundo y se terminó todo. Comienza un nuevo año y los objetivos siempre son los mismos: estar arriba en todos los torneos que nos toque disputar". Otro que nunca da respiro a su sed de triunfo parece ser el técnico chileno Manuel Pellegrini reconocido en su país, luego en Argentina y que recaló con éxito en España. Habrá que creerle entonces cuando asegura que: "Para mí siempre es una necesidad salir campeón, no por la continuidad en mi cargo. Es una obligación que uno tiene al dirigir instituciones grandes". También vale el ejemplo, una vez más, del incansable Bilardo. Luego del partido con Bélgica en el Mundial 86 (uno de los mejores que jugó su Selección Argentina y con el que logró la clasificación a la final del torneo) dicen los que estaban presentes que el DT no repartió felicitaciones, por lo que los jugadores le recriminaron con un: 'Carlos, usted nunca está conforme', a lo que él respondió muy seguro: 'si me pongo a repartir felicitaciones, todo el mundo va a creer que ya estamos hechos y todavía falta un cacho más'". Tenía razón, una vez más.

Otras soluciones parecen más drásticas como las que plantea Roberto Perfumo: "El técnico tiene que percibir cuando un equipo quedó vacío y perdió motivación porque ya alcanzó todas las metas codiciadas. Cuando eso ocurre no tiene más remedio que tomar el bisturí y operar a tiempo. Es uno de los momentos más difíciles del entrenador, pero tiene que hacer de inmediato una renovación de jugadores, y acertar en la elección de los que se van y los que vienen". [35]

> "Lo más difícil en el fútbol es confirmar y después de una victoria mis equipos buscan otra victoria. Siempre".
>
> Carlos Bianchi

Exceso de confianza: Cuando el rival no existe

> "No los subestimamos. Simplemente eran mucho mejores de lo que pensábamos".
>
> Bobby Robson
> (DT de Inglaterra, depués de que su
> Selección casi perdiera contra Camerún
> en el Mundial de Italia '90)

Unos capítulos más atrás veíamos lo difícil que era digerir los fracasos, levantarse de una derrota, pero según parece el éxito puede ser igual de perjudicial o aún más, porque se esconde detrás de la cara de un niño bueno y sonriente. El optimismo exagerado luego de rotundos triunfos también nos puede llevar a la trampa del exceso de confianza y a un estado similar al del aburguesamiento (o por lo menos los resultados son igual de catastróficos).

Si nos ponemos un poco filosóficos tal vez podamos recurrir a Carlos Castaneda que en su exitosa obra *Una realidad aparte*, advierte que "Sentirse importante le hace a uno pesado, torpe y vanidoso. Para ser un guerrero uno necesita ser ligero y fluido". En cambio, si nos ponemos más coloquiales simplemente deberíamos tener en cuenta a ese pensador anónimo que en algún relato deportivo se le ocurrió decir aquello de "el rival también juega".

Aplicando esta sección al terreno de las organizaciones comerciales, veremos que, si bien el optimismo es considerado en la mayoría de los casos un valor altamente positivo, ya están surgiendo voces que hablan de la necesidad en ciertas oportunidades de la matización del optimismo. Es que en el escenario empresarial también es saludable ponerse un poco más crítico, mirar todo con más objetividad y ejercitar la modestia y el recato. Claro que con esto no se renuncia a la mejora continua ni a la idea de superarse día a día, sino que se recurre con tino al buen juicio. Allí tenemos, cruzando una vez más el camino del fútbol con el de los negocios, a la Colombia de Pacho Maturana que se infló tanto el pecho con la goleada que propinaron (en las eliminatorias previas al Mundial del 94', por 5–0) a la Selección Argentina y en condición de visitante. Cuando meses después llegó al Mundial de Estados Unidos 94', parecía una sombra de aquel gran equipo, y la decepción fue terrible.

No lo des por ganado ni aun ganado

Quizá sea el ejemplo más claro en toda la historia del fútbol de lo que puede hacer un exceso de confianza: ocurrió el 16 de julio de 1950 y se lo conoció con el nombre de Maracanazo. Jugaban los seleccionados de Brasil y de Uruguay la final del campeonato del mundo. Brasil, el local, sólo con empatar se hacía con el título. Tenía todo a su favor, además de los 200 mil hinchas locales que coparon el estadio Maracaná. El diario *O Mundo* había titulado un día antes del encuentro para ilustrar una foto del plantel brasilero: "Éstos son los campeones del mundo" y minutos antes del inicio del partido, el General Mendes de Morais, a continuación del himno Nacional, se había atrevido a decir por el altavoz: "ustedes brasileros, a quienes yo considero vencedores del campeonato Mundial". Incluso el primer gol del partido fue de la escuadra brasilera (Frazia). Todo estaba listo para la fiesta pero una vez más se olvidaron de un detalle: el rival.

Empujados por su capitán, Obdulio Varela, Uruguay con un poco de vergüenza, otro tanto de amor propio y mucho de la garra charrúa, lo acorraló a Brasil contra su arco y dio vuelta el partido con goles de Schiaffino y Ghiggia para silenciar a todo un estadio. Aquel 2–1 inesperado será recordado por siempre como la mejor lección para graficar aquello de "el rival también juega".

✔ La falta de motivación en el trabajo, las frustraciones profesionales y la insatisfacción laboral son temas recurrentes en la agenda de pendientes de unas cuantas organizaciones.

✔ Señales de aburguesamiento: ya nadie le da importancia a los logros; los integrantes del equipo comienzan a preocuparse más por asuntos no relacionados con sus quehaceres y esperan con ansias que termine su turno para salir disparados fuera del lugar de trabajo, mientras hacen cuentas tachando días para llegar a las vacaciones. La actitud general es la de dar lo mínimo posible para que todo siga funcionando.

✔ El éxito puede ser igual de perjudicial o aún más: el optimismo exagerado luego de rotundos triunfos también nos puede llevar a la trampa del exceso de confianza y a un estado similar al del aburguesamiento (o por lo menos los resultados son igual de catastróficos).

Notas:

34. Enrique Macaya Márquez. *Mi visión del fútbol.* Op. cit.
35. Roberto Perfumo. *Jugar al Fútbol.* Op. cit.

Capítulo 17

Los más grandes DT de la historia

Muchos de ellos han hecho escuela, introduciendo innovaciones en la escena del fútbol que luego fueron adoptadas y adaptadas por infinidad de colegas. Otros se han ganado un lugar en la historia a fuerza de títulos y más títulos, recalando con sus enseñanzas y carisma de club en club y de país en país. A continuación una caprichosa galería de los mejores técnicos de la historia de este hermoso deporte llamado fútbol:

Basile, Alfio (Argentina)

Alfio Rubén Basile nació en Bahía Blanca (Buenos Aires) el 1ero. de noviembre de 1943; se formó como jugador en el club Bella Vista de su ciudad natal, donde jugó hasta 1958 y luego brilló en el Racing Club de Avellaneda dirigido por Juan José Pizzutti (entre 1964 y 1970) donde se consagró campeón del torneo local en 1966 y de la Copa Libertadores y la Intercontinental de 1967. También pasó por Huracán (entre 1971 y 1975, donde ganaría otro campeonato local con el recordado equipo de 1973 que conducía César Luis Menotti) y jugó ocho partidos en la Selección Argentina.

Como entrenador pasó por varios clubes: dirigió a Chacarita, Racing de Córdoba, Instituto de Córdoba, Rosario Central, Huracán, Vélez Sársfield, Talleres de Córdoba, Nacional de Montevideo (Uruguay) y Atlético de Madrid (España), pero siempre estará identificado con el Racing Club de Avellaneda donde logró sus primeros éxitos con el buzo de DT. Con ese equipo obtuvo el ascenso a primera división en 1985 y se adjudicó la primera edición de la Supercopa en 1989.

"Coco" Basile fue designado en 1990, técnico de la Selección Argentina en reemplazo de Carlos Salvador Bilardo. Durante su dirección técnica el combinado Nacional obtuvo dos Copas América (la edición de 1991 y la de 1993) y se mantuvo invicta durante 32 partidos (un récord que luego fue superado por la Selección brasilera). Otros títulos que se lograron durante su gestión fueron la Copa Kirin (1992), la Copa Rey Fahd (1992) y la Copa Artemio Franchi (1993). Su papel en el Mundial de USA 1994 dejó al hincha con las ganas de ver más: si bien la Selección prometía con su marcada vocación ofensiva y su defensa en zona y con nombres tan rutilantes en la misma formación como Redondo, Maradona, Caniggia, Balbo y Batistuta, quedó eliminada tempranamente en octavos de final al perder por 3 a 2 frente a la Selección de Rumania, notoriamente golpeada en lo anímico luego de la separación del plantel de Diego Maradona por doping. Basile reconoce ese plantel como uno de los mejores que dirigió en su vida y no disimula que este Mundial fue la gran frustración de su carrera. En total, Basile dirigió entre 1990 y 1994, 49 partidos al seleccionado Nacional y logró 26 triunfos, 17 empates y cayó apenas seis veces (entre las que se cuenta la recordada derrota ante el seleccionado de Colombia por 5– 0 y en cancha de River Plate).

Luego de un descanso, Basile volvió al ruedo dirigiendo a San Lorenzo de Almagro (1998) y al América de México (2001/01), en ambos casos sin éxitos. Pero sería tiempo después con su llegada a Boca Jrs. que nuevamente volvería a su mejor forma: Basile –que jamás había ganado un torneo de primera división como DT– hace historia con el equipo xeneize ganando en poco más de un año los cinco títulos que disputa: el Torneo Apertura y el Torneo Clausura del fútbol local (2005/06), la Copa Sudamericana, la Recopa Sudamericana 05 y otra Recopa Sudamericana pendiente, títulos que posicionan a Boca como el club con más títulos internacionales a nivel Mundial. Es aquí donde Basile vuelve a impregnar un equipo de su clara actitud ofensiva, atacando en bloque y apoyándose en las figuras del arquero Roberto Abbondanzieri, el central Daniel

"Cata" Díaz, el joven Fernando Gago en el mediocampo y la efectividad de Palacio y Palermo en la delantera. Lo cierto es que Boca lo devolvió a los primeros planos y a poco de finalizado el Mundial de Alemania 2006, Alfio "Coco" Basile, este ex defensor y actual DT con su vozarrón inconfundible y su estirpe de tipo sencillo y con códigos, vuelve a ser designado Técnico de la Selección Argentina. Según parece todavía hay mucho por ganar.

Beckenbauer, Franz (Alemania)

Conocido como "El Kaiser", Beckenbauer es de las máximas figuras del fútbol alemán de todos los tiempos. Como jugador brilló en la Selección Nacional y en el Bayern Munich como mediocampista y líbero. Con el seleccionado fue subcampeón en el Mundial de 1966, tercero en 1970 y finalmente campeón en 1974 (en una inolvidable final ganada a la Naranja Mecánica de Johan Cruyff). Además obtuvo una importante cantidad de títulos de clubes a nivel local y de copas europeas.

Beckenbauer se retiró como jugador en 1983 jugando para el Cosmos de Nueva York y un año después, en 1984 volvió a relacionarse con el fútbol pero ya como DT de la Selección Nacional y para sorpresa de muchos –no tenía experiencia en el rubro– llevó a su Selección a la final del Mundial de México 86' (que perdió con Argentina 3–2). Dos años después obtuvo la Eurocopa de 1988 y finalmente en el Mundial de Italia 1990 pudo tomarse revancha cuando se consagró campeón ganándole la final por 1–0 a la Selección Argentina.

Así se convirtió en la segunda persona en el mundo en ganar la copa Mundial como jugador y como entrenador (el primero había sido el brasilero Mario "Lobo" Zagallo). El Kaiser también fue DT del Bayern Munich y con este club salió campeón de la Bundesliga y de la Copa UEFA. Tiempo después fue nombrado presidente de la institución. Ver Ejemplo 6: Alemania, campeón de Italia 1990.

Ejemplo 6

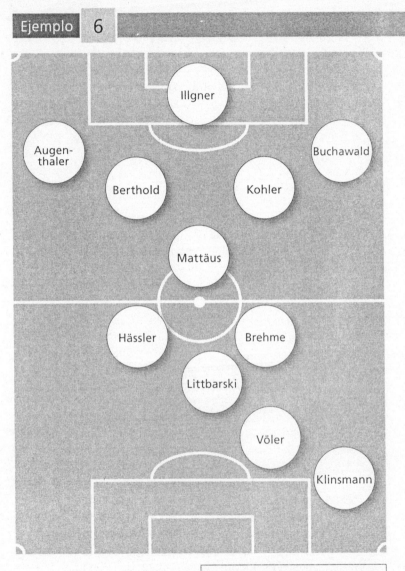

Alemania capeona de Italia 1990.
Beckenbauer y su dulce venganza
de la selección argentina.

Bianchi, Carlos (Argentina)

Carlos Bianchi nació en Capital Federal el 26 de abril de 1949. Se formó como jugador en Vélez (1967-1972) donde ganó su único título como futbolista (el torneo local de1968), luego pasó a Francia donde jugó en el Stade Reims (1973-77) y en el Paris Saint Germain (1977-79). Además, llevó sus goles al Racing de Strasburgo (1979-1980) y finalmente recaló –antes de su retiro– nuevamente en Vélez (1980-1984). Bianchi fue cinco veces máximo goleador del torneo francés y es el tercer goleador de la historia de ese país, también jugó 14 partidos en la Selección Argentina (entre 1970 y 1972).

"El Virrey", como se lo conoce en la actualidad, debutó como técnico en 1984 en el club francés Stade Reims (donde permaneció hasta 1988), luego pasó por el Niza (1989-1990) y por el París FC (1990-91), hasta que en 1993 llegó a Vélez para llevarlo a los primeros planos del fútbol Mundial: con el club del barrio de Liniers ganó torneos locales y la Copa Libertadores e Intercontinental de 1994 (en total seis títulos). Luego de su exitoso paso por Argentina fue a la Roma de Italia (1996) pero fue relevado antes de cumplir el año de contrato. Nuevamente volvió a la Argentina y el 2 de junio de 1998 asumió como entrenador de Boca para completar su etapa más exitosa como técnico. Con Boca llegó en ese año a los 40 partidos sin derrotas y ganó 9 títulos que sumados a su cosecha anterior lo transforman en el Técnico más ganador de la historia Argentina. Bianchi, en total, estuvo como DT en cinco finales de Copa Libertadores y solo perdió en una edición, disputando además cuatro finales de la Intercontinental (y sólo se le escapó una de ellas). Luego de su paso por Boca volvió a probar suerte en Europa (en Atlético Madrid de España) pero nuevamente sin suerte como en sus anteriores experiencias europeas.

El Virrey tomó como ejemplos de su dirección técnica al técnico chileno Andrés Prieto y a los locales Victorio Spinetto, Osvaldo Zubeldía y Juan Carlos Lorenzo, algunos de los entrenadores a los que obedeció como jugador. Se cuenta que entre sus virtudes está la de ser un DT muy simple en la comunicación con el jugador, además de trabajador y puntilloso. También se lo conoce como un gran estratega que sorprende a sus rivales con cambios o planteos inesperados y es un DT que concede un valor sustancial al grupo. Así, es codiciado y admirado porque suele sacar el mejor rendimiento de sus dirigidos y porque administra como pocos los recursos disponibles. Bianchi no pide muchas incorporaciones y prefiere darle cabida a los juveniles de los clubes, a los que promociona y valoriza. También hace gala de un discurso mesurado, que no genera enconos ni rivalidades.

"El Vélez de Bianchi revelaba aristas de un Técnico que se ha caracterizado siempre por un manejo del (según algunos) menos común de los sentidos: el sentido común. Pragmático, sencillo, lógico, no se deslumbra por filosofías orientales ni se ata a conceptos fundamentalistas (...) El Boca de Bianchi (...) lógico y entendible. Donde los defensores defienden, los luchadores luchan y los talentosos inventan". [36]

Bielsa, Marcelo (Argentina)

Marcelo Bielsa nació en el seno de una familia de prestigiosos abogados constitucionalistas, sin embargo –y para asombro de todos– decidió ser futbolista. Fanático confeso de Newell's Old Boys de Rosario, llegó a jugar tres partidos en la primera división del club, aunque era un zaguero central con pocas condiciones. También jugó en Instituto de Córdoba y en Argentino de Rosario (en Primera C) pero a los 25 años dejó la actividad con la promesa de que se convertiría en Técnico de Newell's.

En 1988 comenzó a dirigir a la Tercera División de esa institución y obtuvo el campeonato. Esto llevó a los dirigentes a pensar en él y, así, en julio de 1990 asumió el manejo de la Primera División. La primera experiencia grande no podía resultar mejor: fue campeón del torneo argentino 1990-91 y seguidamente del torneo apertura 1992, además de finalista de la Copa Libertadores, que perdería por penales ante el San Pablo de Telé Santana. También marcó un récord en el club al formar su plantel campeón con 23 jugadores provenientes de las divisiones inferiores (de 25 inscriptos).

Tiempo después, Bielsa armó las valijas para México donde le ofrecieron un trabajo a largo alcance con el fin de crear las divisiones menores del Club Atlas de Guadalajara. Como resultado de un arduo trabajo, actualmente, ocho jugadores de la Selección Mexicana Sub–20 son del Atlas y fueron sus pupilos.

Posteriormente, lo contrató el poderoso club América de ese país (y también dirigió al Atlas) aunque no tuvo mucho éxito. Pero en 1997 volvió a la Argentina para dirigir a Vélez Sarsfield y otra vez se consagró campeón (Clausura 1998). Luego marchó a España para dirigir al Español de Barcelona, rescindiendo su contrato a los dos meses al ser elegido (por José Pekerman, por ese entonces Mánager de las selecciones de la AFA), en septiembre de 1998 como DT de la Selección Argentina en reemplazo de Daniel Passarella.

El "Loco" Bielsa fue DT del combinado Nacional entre 1998 y septiembre de 2004, y durante su dirección ganó la medalla olímpica de Atenas 2004. Sin embargo, y a pesar de haber formado un equipo equilibrado y ofensivo, no pudo superar la primera fase en el Mundial 2002 de Corea–Japón. Cuando promediaban las eliminatorias para el Mundial 2006 decidió abandonar la Selección Nacional.

La filosofía futbolística de Bielsa satisface el deseo de cualquier hincha: que su equipo juegue bien y que ataque sin parar. Es obsesivo y detallista (fanático de los videos para analizar al rival y a su propio equipo) pero no olvida la base del juego. Su dibujo táctico está inspirado en las formaciones del holandés Louis Van Gaal: tres defensores, dos volantes laterales que se suman al fondo, mediocampistas muy activos y tres delanteros.

Es serio y su relación con la prensa y los jugadores si bien es amable, también es claramente distante.

Bilardo, Carlos Salvador (Argentina)

Carlos Salvador Bilardo como jugador era volante derecho y obtuvo seis títulos, todos con Estudiantes de La Plata: entre ellos las Copa Libertadores de 1968, 1969 y 1970, la Copa Intercontinental de 1968 y la Copa Interamericana de ese mismo año.

Debutó como técnico el 22 de septiembre de 1971 y obtuvo un título local con Estudiantes (Metropolitano 1982). También dirigió a Deportivo Cali (Colombia,) con el que llegó a jugar la final de la Copa Libertadores contra Boca en 1978, San Lorenzo de Almagro, Sevilla (España), Boca y las selecciones de Colombia y Libia.

Pero su época dorada estaría al frente de la Selección Argentina con la que obtuvo el campeonato Mundial de México 1986 y el subcampeonato en Italia 1990. La Selección de 1990, especialmente, tuvo el claro sello de su personalidad: un arquero sobrio (Pumpido), un líbero que jugaba teniendo en cuenta la posición de la pelota y no del rival (Simón), dos *stoppers* (siempre Ruggeri por la derecha, y Serrizuela, Monzón o Lorenzo por el otro lado), dos marcadores-volantes (entre los que se destacaba claramente Olarticoechea) un puñado de mediocampistas (Troglio, Batista, Basualdo, Giusti, Burruchaga) y dos delanteros (Maradona libre y Dezzotti o Calderón auxiliando atrás y tratando de llegar al gol).

Claro que el atacante más importante fue Caniggia (que comenzó como suplente) fundamental por sus goles que valieron la eliminación de Brasil e Italia. Su figura está tan arraigada en el medio que una escuela futbolística lleva el nombre de Bilardismo y su idea del fútbol está relacionada con jugar al límite del reglamento, con jugadores polifuncionales, y con un juego especulativo y estructurado. Sin dudas, es el mejor alumno de Zubeldía, de quien fue jugador en el Estudiantes campeón del mundo.

Camacho, José Antonio (España)

Como jugador, está considerado como una de las más grandes figuras del Real Madrid (España). Fue un gran capitán y uno de los futbolistas que más partidos vistió la camiseta del club español. También jugó en la Selección española en los Mundiales de 1982 y 1986, y logró una veintena de títulos a nivel clubes.

Sus éxitos como DT comenzaron en 1992 cuando ascendió a Primera División al Rayo Vallecano, un modesto club de Madrid. Repitió en la temporada 93-94 cuando ascendió al Español de Barcelona. Camacho fue nombrado DT de la Selección española en 1998 y ocupó el cargo hasta dejar a su país clasificado para el Mundial de Corea-Japón 2002. Y como entrenador de clubes, en el año 2003-2004 ganó la copa de Portugal con el Benfica.

Clemente, Javier (España)

El DT español es conocido como "El rubio de Barakaldo" (el lugar donde nació) y como jugador apenas si jugó 47 partidos en la liga española porque su carrera se vio truncada por una grave lesión.

Como técnico comenzó su carrera en el Athletic de Bilbao, en 1981. En poco tiempo Clemente consiguió crear uno de los mejores equipos de la historia del club, juntando a Urkiaga, Argote o Andoni Zubizarreta con veteranos como Dani y Andoni Goikoetxea. En su primer año dejó al equipo en cuarta posición, y en 1983 ganó la Liga. En el año 1984 hizo doblete, ganando Liga y Copa. En los dos años siguientes quedó tercero y cuarto, respectivamente. Clemente se hizo famoso por su dureza y por su apuesta por el juego defensivo.

También ha entrenado a otros equipos como el Español de Barcelona (con quien llegó a la final de la Copa de la UEFA, que perdió en la definición por penales), Atlético de Madrid, Betis, Real Sociedad y Olympique de Marsella.

Entre 1992 y 1998 fue seleccionador de España, durante 62 partidos, y siempre criticado por llevar demasiados jugadores vascos al combinado Nacional. Fue destituido tras una derrota ante la débil Selección de Chipre, a pesar de que únicamente perdió 6 de los 62 partidos en los que estuvo como entrenador. Dirigió a la Selección en Estados Unidos 1994 y en Francia 98, sin éxito.

El 17 de julio de 2006 fue nombrado seleccionador de Serbia, cargo por el que fue contratado para un periodo de dos años.

Cruyff, Johan (Holanda)

Uno de los futbolistas más notables de la historia del Ajax (Holanda) y del mundo. También jugó en el Barcelona (España). Varias veces fue campeón de Europa y de Holanda a nivel clubes y obtuvo con el Ajax la Copa Intercontinental de 1972. En 1973 fue transferido al Barcelona que no salía campeón desde 1960, equipo que con su llegada por fin pudo coronarse. Jugó en la Selección de Holanda en 1966 y 1970 y fue el eje de la Naranja Mecánica en 1974. Se retiró como jugador en 1984 y en la temporada siguiente hizo su ingreso al Ajax como manager y luego como entrenador. Pronto impuso el sistema 3–4–3 en todas las categorías. Con este Ajax –del que se hace cargo en 1985– arma un equipo fantástico: esa primera temporada dirige 34 partidos, gana 25, empata 2 y pierde 6, y su equipo marca 120 goles en los 34 partidos. Sale segundo y se hace de la Copa de Holanda. En la segunda temporada vuelve a salir segundo pero obtiene nuevamente la Copa de Holanda y la Recopa de Europa. Nombres como Edgard Davids, Bergkamp, Overmars y los hermanos de Boer son producto de su cantera.

Finalmente en 1988 se hace cargo de la dirección técnica del Barcelona, que pasaba una época tremenda. En esta primera temporada emplea tres defensores, dos laterales y un líbero y recibe muchos goles pero con su propuesta ofensiva marca 80 goles. En la segunda temporada el equipo queda tercero pero salva su cabeza cuando gana la Copa del Rey ante el Real Madrid.

En la temporada 1990/1991 ficha al goleador búlgaro Hristo Stoitchkov y al líbero holandés Ronald Koeman. Pero Johan Cruyff sufre un amago de infarto en febrero de 1991, lo que produce que Charly Reixach se haga cargo del equipo durante su ausencia, lo que no impide que el equipo muestra una gran convicción en el juego, lo que hace posible ganar la Liga de ese año. Pronto, el Barça se gana el apelativo de *Dream Team* por su fútbol de alto vuelo. Ya con Cruyff repuesto, logra la Supercopa de España y la segunda Liga. La historia se repite en la siguiente temporada (1992-1993) en la que se logra la tercera Liga consecutiva y la Supercopa de Europa. Pero eso no sería todo: en la temporada 93/94 consigue nuevamente la Supercopa de España y la cuarta Liga consecutiva. Johan Cruyff dejaría la dirección técnica del Barcelona en 1996 tras ciertos desacuerdos con la dirigencia ,pero su etapa quedará para siempre en la memoria de los hinchas de esa poderosa institución.

Cúper, Héctor (Argentina)

Marcador central en sus épocas de jugador, sus mejores años los jugó en Ferro Carril Oeste como pilar defensivo del equipo de Carlos Timoteo Griguol que ganó los campeonatos de 1982 y 1984. También jugó en Huracán y actuó cinco partidos en la Selección Nacional (1984).

Como técnico dirigió a Huracán entre 1993 y 1995 y a Lanús entre 1995 y 1997. Fue subcampeón con Huracán en 1994 (perdió el último partido con Independiente cuando le bastaba empatar para ser campeón) y con Lanús obtuvo la Copa Conmebol de 1996. Luego pasó al Mallorca de España y rápidamente logró reconocimiento en Europa. En 1997 perdió la final de la Recopa española con el Barcelona. En 1999 logró llevar al modesto Mallorca a la final de la Recopa europea (que perdió con Lazio) y en el mismo año fue Campeón de la Supercopa Europea. Además consiguió un tercer puesto en la Liga española (el mejor puesto en la historia del club y la primera clasificación para la Copa UEFA). Luego pasó al

Valencia, jugando y perdiendo dos finales consecutivas de la Liga de Campeones o *Champions League* (en el 2000 ante el Real Madrid y en el 2001 ante el Bayern Munich). En el 2001 pasó a dirigir al Inter de Milan y obtuvo un segundo y un tercer puesto pero fue destituido. Más tarde salvó al Mallorca del descenso en la temporada 2004-2005, renunciando posteriormente ante una mala campaña.

Díaz, Ramón Ángel (Argentina)

Nació en Argentina y como jugador debutó en River Plate (club en el que obtuvo cinco títulos, siempre destacándose como goleador) pero su gran momento fue la obtención de la Copa Mundial Juvenil de 1979 en Japón, que Argentina (dirigida por César Luis Menotti) ganó desplegando un fútbol vistoso con la gran irrupción internacional de un joven Diego Armando Maradona.

También ganó la Liga italiana en 1988/9 y la Copa de Francia en 1990/91. En Italia jugó en Napoli, Avellino, Florentina e Inter. En Francia salió campeón con el Mónaco. Jugó en Japón en Yokohamas Marinos donde realizó 52 goles en 62 partidos. Participó en la Selección Argentina entre 1979 y 1982, convirtiendo un total de 10 goles.

Como técnico se hizo cargo –sin ningún tipo de experiencia– de River Plate en 1995. Cuestionado por su capacidad para dirigir torció los prejuicios con éxitos: ganó seis títulos, entre ellos una Copa Libertadores (1996) y una Supercopa (1997).

Di Stéfano, Alfredo (Argentina-España)

Como jugador consiguió 22 campeonatos, se lo conocía como "La saeta rubia" y dicen los que lo vieron jugar que era tan bueno o más que Pelé y Maradona. Surgió en las inferiores de River Plate y llegó a integrar "La máquina" aunque no tenía la titularidad. Jugó

6 partidos en la Selección Argentina (1947) con igual cantidad de goles. En 1948 se fue a Millonarios de Colombia donde luego de un paso triunfal pasó al Real Madrid en 1953. Su campaña fue tan deslumbrante que llegó a la Selección española. Finalmente terminó su carrera en el Español de Barcelona a los 40 años. Fue múltiple campeón de Europa.

Como DT dirigió en España al Elche y al Valencia (con el que ganó la Recopa de 1978/80 y la liga española de 1971). En Argentina dirigió a Boca y a River y con ambos salió campeón (1969 y 1981, respectivamente). En junio de 2000 el Real Madrid lo nombró Presidente Honorario.

Ferguson, Alex (Escocia)

El escocés Alex Ferguson se desempeñó como jugador en el Rangers, el Queen's Parl y el Dunfermline y se inició como técnico en el East Stirling para luego pasar al Saint Mirren de donde fue despedido luego de cuatro temporadas al chocar con la dirigencia. Su carrera de éxitos comenzó en 1980 cuando se hizo cargo del Aberdeen (al que dirigió hasta 1986) y con el que ganó tres Ligas, cuatro Copas, una Copa de Liga y una Recopa (esta última nada menos que ante el Real Madrid). Pronto comenzó a ganarse fama de severo y rígido con sus dirigidos y luego de una breve experiencia al frente de la Selección escocesa, es contratado en 1986 por el Manchester United para hacerse cargo de un equipo sumido en el caos.

En la primera temporada al frente de Manchester, Ferguson lo colocó en una digna 11ava. posición y ya en la temporada siguiente (1986-87), el equipo acabaría en segundo lugar. Sin embargo, el Manchester United decepcionaría en las dos temporadas siguientes. Para 1990, la paciencia a Ferguson se había acabado pero el hacerse con la FA Cup de ese año le daría un respiro.

A partir de allí comenzaría a cambiar un poco el panorama: el Manchester ganaría la Recopa de Europa la tempordada 1990-91, derrotando en la final al campeón español Barcelona, pero en la temporada siguiente vendría una gran decepción al dejar escapar el título de liga en favor de sus rivales, el Leeds United. Pero todo se olvida cuando el Manchester gana la Liga inglesa en la temporada 1992-93 (que no ganaba desde 1967).

1998-99 sería la mejor temporada del Manchester United desde la llegada de Ferguson, convirtiéndose en el primer y único equipo inglés en ganar la llamada "triple corona": Campeones de la Liga Premier Inglesa, Campeones de la Copa FA y Campeones de la Liga de Campeones de la UEFA. El Manchester llegó a la final de la UEFA después de una gran remontada en las semifinales contra la Juventus y derrotó agónicamente al Barcelona en el estadio Camp Nou en tiempo suplementario. Después de eso Alex Ferguson fue nombrado Caballero por sus servicos al fútbol inglés. Lo cierto es que en el mundo no hay hoy directores técnicos con más campeonatos que el escocés Alex Ferguson: El eterno DT del Manchester United de Inglaterra ya suma más de 30 títulos. Ver Ejemplo 7: EL Manchester United que venció al Barcelona en el Camp Nou.

Gallego, Américo Rubén (Argentina)

Como jugador fue el clásico volante tapón y se convirtió en referente de todos los equipos donde se desempeñó: fue campeón con Newell's y con River Plate (integró el equipo de Héctor Veira que ganó los primeros títulos internacionales para el club de Nuñez). También fue uno de los jugadores clave de la Selección Argentina de Menotti campeona del Mundial 1978. En su primer trabajo como DT sacó campeón a River Plate del Apertura 1994 y de manera invicta. Luego se sumó como colaborador de su amigo y colega Daniel Passarella en la Selección Nacional donde lo acompañó hasta la finalización del Mundial de Francia 98. Volviendo a River para reemplazar a Ramón Díaz y ganar el torneo Clausura de ese año. En la temporada 2002/03 el "Tolo" Gallego se puso al frente del Club Atlético Independiente y ganó el torneo Apertura

Manchester United.
Recopa Europa 1991
DT Alex Fergusson

2002, luego, siguiendo con su periplo exitoso en Argentina, dirigió a Newell's y se consagró campeón del Apertura 2004. Y según parece lo suyo es ganar por donde pasa porque al año siguiente recaló en México, en el club Toluca, y se hizo del torneo Apertura 2005 y de la Copa de Campeones 2006. Entre sus últimos logros se cuenta el haber clasificado al Toluca por primera vez en su historia para la Copa Libertadores de América.

Herrera, Helenio (Argentina–Francia–España–Italia)

Nació en Argentina pero jugó poco en el país, en cambio el resto de su carrera lo hizo en Francia (incluso en la Selección de ese país). Como entrenador egresó como el mejor alumno de su división en la carrera de Dirección Técnica en el Instituto Nacional de Deportes, en París. Impuso como táctica el conocido *catena-ccio* (o cerrojo) y a eso le sumó una férrea disciplina. Gracias a su oratoria y carisma llegaron a llamarlo "El Divo" y "El señor H.H." Oficialmente su carrera como DT comenzó en Francia en el Red Star, luego fue campeón en España con el Atlético de Madrid en dos ocasiones y logró un subcampeonato con el Sevilla. También dirigió la Selección Nacional española que fue al Mundial de Chile en 1962. Fue campeón en España con el Barcelona en dos·temporadas y ganó la Copa de España, pero llegó a lo más alto en el mundo del fútbol cuando fue el técnico del Inter campeón Mundial de interclubes en 1964 y 1965.

Labruna, Ángel (Argentina)

Como jugador ganó 11 títulos y las estadísticas marcan que es el mayor goleador de los clásicos Boca–River (con 16 tantos) y el segundo goleador en la historia del fútbol local. Como Técnico ganó siete títulos (1 con Rosario Central y el resto con River Plate). Fue el artífice de darle el doble título local a River después de una sequía de 18 años sin éxitos. También fue campeón con Defensores de Belgrano en la B (en 1967) al mismo tiempo que era entrenador de Primera A de Platense (que perdió la semifinal del Metropolitano 1967 con Estudiantes de La Plata). Además, hizo grandes campañas con Argentinos Juniors (armó la base del equipo campeón de 1985) y en Talleres de Córdoba.

Lorenzo, Juan Carlos (Argentina)

Como jugador se inició en las inferiores de Chacarita y debutó en primera en 1940. Jugó en Boca, en Italia (entre 1948 y 1952 en Sampdoria) y también en el Nancy de Francia y en el Atlético de Madrid. Hizo cursos como entrenador en Inglaterra y fue en Francia donde comenzó como técnico (en 1960). También dirigió el Mallorca (España) pero sin mayor repercusión. El "Toto", tal el apodo con que se lo conocía, volvió en 1961 a la Argentina para dirigir a San Lorenzo. Él impuso las concentraciones y la rigidez de las tácticas europeas. Dirigió la Selección Nacional Argentina en el Mundial de Chile de 1962 pero no le fue bien. Volvió a Italia y dirigió a la Lazio y a la Roma.

Luego fue llamado para reemplazar a Zubeldía nuevamente en la Selección Nacional para el Mundial de Inglaterra (1966) donde tampoco cumplió un gran papel. Recién en 1972 tuvo un regreso triunfal a San Lorenzo para ganar dos títulos (el Nacional y Metropolitano de 1972). Fue en 1973 al Atlético de Madrid y se hizo con la Copa Intercontinental. En 1975 hizo una gran campaña en Unión de Santa Fe y eso lo llevó a Boca. En esa institución vivió lo mejor de su carrera como técnico: ganó dos títulos locales, las Copas libertadores de 1977 y 1978 y la Intercontinental de 1977.

Maturana, Francisco "Pacho" (Colombia)

Como futbolista, entre los años 1970 y 1980, fue un destacado defensor en los clubes Atlético Nacional, Atlético Bucaramanga y Deportes Tolima, obteniendo el título de campeón de Fútbol Profesional Colombiano en 1973 y en 1976. Además, como jugador formó parte de la Selección mayor de su país en las eliminatorias del Mundial de fútbol de 1982.

En 1986 debuta como técnico profesional dirigiendo al equipo Once Caldas de Manizales, con el cual logró clasificarse a la ronda final del campeonato. Al año siguiente la Federación Colombiana de Fútbol lo contrata para dirigir a las divisiones inferiores y luego a la Selección mayor en la Copa América, donde obtendría el tercer puesto derrotando a Argentina que era el local.

El año 1989 fue uno de los más exitosos en su carrera profesional, ya que dirigiendo al Atlético Nacional obtuvo –por primera vez para un equipo colombiano– la Copa Libertadores de América. Ese mismo año Maturana logró la clasificación de la Selección Nacional de Colombia al Mundial de fútbol después de 28 años de ausencia en esa competencia.

En la final de la Copa Intercontinental, el Atlético Nacional enfrentó bajo su dirección, al Milan de Italia dirigido por Arrigo Sacchi. La final se jugó en la ciudad de Tokio el 17 de diciembre de 1989, siendo derrotado el equipo colombiano por un gol faltando tres minutos para el tiempo reglamentario.

En el Mundial de 1990 logró clasificar a Colombia por primera vez a la segunda ronda del campeonato. En 1991 fue contratado por el club Real Valladolid de España por donde pasó sin éxito.

En 1992 regresó al fútbol de Colombia para dirigir al América de Cali, con el cual obtuvo el título de campeón profesional de Colombia. Al año siguiente obtiene el tercer puesto de la Copa América, nuevamente venciendo a la Selección local del campeonato, que en esta ocasión era Ecuador. Posteriormente, clasifica a su país por segunda vez consecutiva al Mundial de fútbol, derrotando en dos ocasiones a la Selección de Argentina: 2-1 (en Colombia) y 5-0 (como visitante en el Estadio Monumental de River Plate de Buenos Aires). Además, alcanzaría un invicto interNacional de 27 partidos sin derrotas. Sin embargo y a pesar de las expectativas que se habían creado, la Selección colombiana en el Mundial de USA fue eliminada en primera ronda. Posteriormente tuvo un paso corto por el club Atlético de Madrid y en 1995 fue contratado por la Federación Ecuatoriana de Fútbol como técnico de la Selección Nacional, a la cual dirigió en la Copa América 1995 y en las eliminatorias al Mundial de fútbol de 1998. A su regreso a Colombia, a comienzos de 1998 dirigió sin éxito a Millonarios.

Es contratado en 1999 como técnico de Costa Rica, cargo que abandonó unos meses más tarde para dirigir a Perú en las eliminatorias del Mundial de fútbol durante el 2000, cargo del que fue destituido.

En el 2001 volvería a la dirección técnica de la Selección colombiana obteniendo la Copa América 2001. En el año 2003 regresó a la Selección de su país, con la cual disputó la Copa Confederaciones (cuarto puesto), la Copa de Oro (cuartos de final) y el arranque de las eliminatorias del Mundial de fútbol 2006. Luego dirigió por una corta temporada el club Colón de Santa Fe (Argentina). Ver Ejemplo 8: El Atlético Nacional de Medellín que obtuvo la primera Copa América para un club colombiano.

Menotti, César Luis (Argentina)

"El Flaco", como se lo conoce a César Luis Menotti, debutó como jugador en la primera división de Rosario Central e integró la Selección Argentina de 1962 y 1963. También jugó en el Racing club de Avellaneda, en Boca, en el Santos (1968) y en la juventud (Italia).

Como DT comenzó su carrera como socio del "Gitano" Juárez en Newell's, pasó por Central Córdoba de Rosario en 1969 en la Primera B y luego recalaría en Huracán, equipo con el que ganaría el título de 1973 (el primero en la hisotria del club de Parque Patricios). La gran campaña con Huracán lo proyectaría a la Selección Nacional Argentina, con la que ganaría el Mundial de 1978, siempre defendiendo su idea de fútbol ofensivo y vistoso. Al año siguiente conduce a la Selección juvenil Argentina al campeonato sub 20 que se disputa en Japón y que gana con una gran demostración de fútbol colectivo y con Ramón Díaz y Maradona como referentes de su

At. Nacional Final (vuelta) Copa Libertadores 1989.
DT Francisco Maturana

equipo. Finalmente, el flojo rendimiento de la Selección Nacional en el Mundial de España 82 marcó el fin de su ciclo.

Hacia 1996 recompuso su imagen con una buena campaña en un Independiente que estuvo en los primeros puestos en los dos torneos de ese año y tiempo más tarde se fue a la Sampdoria en una fallida experiencia.

Michel, Rinus (Holanda)

Su carrera como futbolista discurrió casi en su totalidad en el principal club de su ciudad natal: el Ajax de Holanda, equipo en el que jugó desde 1945 hasta 1958.

En 1965 ya estaba dirigiendo al Ajax, donde tuvo a su cargo a jugadores de la talla de Johan Cruyff, al que más tarde volvería a tener bajo sus órdenes en el Barcelona (España).

Sus mayores logros los consiguió con la Selección holandesa, equipo que llevó a la práctica el llamado "fútbol total". Con la "naranja mecánica" logró el subcampeonato del Mundo en 1974. Más tarde, regresaría a la Selección naranja para hacerla campeona de Europa en 1988 de la mano de Frank Rijkaard, Marco van Basten y Ruud Gullit.

También fue técnico del Barcelona donde consiguió tres títulos en dos etapas (1971-1975 y 1976-1978): Copa de Ferias, la Liga y la Copa del Rey.

Milutinovic, Velibor "Bora" (Yugoslavia)

Nació el 7 de septiembre de 1944 en Yugoslavia y empezó su carrera profesional como jugador en el Partizáan de Belgrado, el club de fútbol del ejército. Entre 1956 y 1965 ganó 4 campeonatos y una copa. Un poco después jugó en los clubes franceses Mónaco, Niza y Rouen, en el Winterthur de Suiza y en los Pumas de la UNAM, de la Ciudad de México.

En 1977 se retiró como jugador en este último club y fue nombrado como su entrenador. En 1982 fue designado entrenador de la Selección mexicana, a la que condujo a los cuartos de final en el Mundial de 1986, la mejor actuación de toda su historia (perdió por penales con Alemania). En 1988 aceptó el cargo de técnico del Veracruz, también de México y en 1989, dos meses antes del Mundial de 1990, fue contratado como Director Técnico del conjunto costarricense, al que llevó a la segunda ronda del Mundial de ese año.

En 1991 fue el Director Técnico de la Selección de EEUU (a la que llevó en el Mundial 94 a los octavos de final). Tambiém dirigió a la Selección de Nigeria (que perdió en octavos de final de Francia 1998) y a la Selección China en la clasificación al Mundial de Corea-Japón 2002.

En la Argentina sólo dirigió a San Lorenzo de Almagro durante 8 partidos (1987-88) en los que se mantuvo invicto, dejando al equipo en el primer puesto.

Parreira, Carlos Alberto (Brasil)

Su mayor éxito como DT fue la obtención del Mundial de Estados Unidos 1994 al frente de la Selección brasilera. Nuevamente estuvo a cargo de la Selección brasilera en el Mundial de Alemania 2006, donde fueron eliminados ante Francia en la ronda de cuartos de final.

Parreira también es conocido por haber llevado a cuatro Seleccionados Nacionales a la Copa del Mundo: Kuwait en 1982, Emiratos Árabes Unidos en 1990, Brasil en 1994, y Arabia Saudita en 1998.

A nivel de clubes dirigió a los famosos clubes de Brasil Fluminense y Corinthians, a los cuales les dio dos de los Trofeos Nacionales más importantes de 2003: la Copa Brasileña y el Campeonato Paulista. En 1997, Parreira también dirigió a los MetroStars de la Major League Soccer (Estados Unidos). Ver Ejemplo 9: La Selección de Parreira campeona del Mundial Estados Unidos 1994.

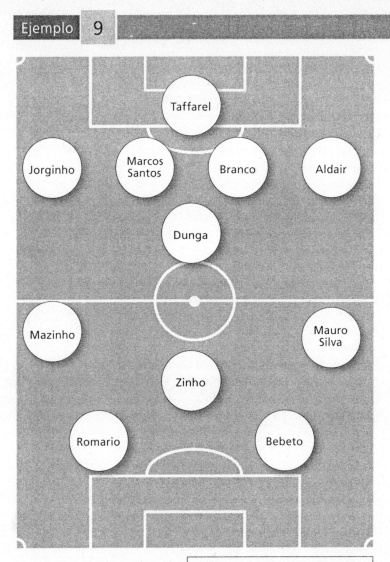

Milan Campeón Copa de Europa e Intercontinental 1989 DT Arrigo Sacchi

Passarella, Daniel Alberto (Argentina)

Como jugador, se formó en Argentino de Chacabuco, un club de su ciudad natal, desde donde pasó a Sarmiento de Junín (de la Primera C). En 1974 fue contratado por River Plate y a siete meses de su arribo ya era el capitán del equipo. Con el equipo millonario dio siete vueltas olímpicas en igual cantidad de años, siempre bajo la dirección técnica de Angel Labruna. Como jugador de la Selección Argentina fue el capitán del plantel campeón del Mundial de 1978 e integró los planteles de España 1982 y México 1986, torneo que no jugó por una enfermedad y del que solo participó activamente en la etapa clasificatoria. Su carrera en clubes continúo con gran éxito en la Florentina y en el Internazionale de Milan (Italia).

En 1988 Daniel Passarella volvió a River Plate dirigido por César Luis Menotti (que se fue antes de finalizar el torneo, dejando su lugar a Reinaldo Merlo). A poco de retirarse, en 1990, Passarella inició su exitosa carrera como DT en River Plate: obtuvo el Torneo 89/90, el Apertura 1991 y el de 1993 y tanta fue la repercusión de su campaña que fue llamado para hacerse cargo de la Selección Argentina.

Como DT del combinado nacional, Passarella tuvo una relación conflictiva con la prensa y con los jugadores, a los que aplicó su rigor disciplinario. Le dio crédito la tranquila clasificación (varias fechas antes) para el Mundial de 1998 pero la caída en cuartos de final frente a Holanda no fue perdonada por la prensa y el público. Con la Selección obtuvo los Panamericanos de 1995 y la Medalla de Plata de los Juegos Olímpicos de Atlanta 96'. En 1999 se hizo cargo de la Selección de Uruguay pero renunció en medio de las eliminatorias de 2002. Luego de un paso sin éxito por el Parma (Italia), fue contratado por el Monterrey (México) y consiguió el Torneo Apertura 2003.

En el 2005 dirigió al Corinthians (Brasil) donde no tuvo buenos resultados, lo que originó su despido.

En enero de 2006 volvió a River Plate después de 12 años de ausencia.

Pekerman, José (Argentina)

Como jugador se formó en Argentinos Juniors y luego fue transferido a Independiente de Medellín (Colombia), pero a los 28 años debió abandonar la práctica del fútbol debido a una lesión en su rodilla.

Comenzó como entrenador dirigiendo las inferiores de Chacarita Juniors y luego pasó a dirigir las inferiores de Argentinos Juniors, donde se destacó como un gran formador de juveniles. También hizo una gran tarea en las divisiones menores de Colo Colo (Chile).

En 1994 a pesar de ser un desconocido en el ambiente– le ofrecieron dirigir las Selecciones Juveniles de Argentina. Al frente de estos equipos no paró de cosechar éxitos: bbtuvo tres Campeonatos Mundiales sub 20 (Quatar 1995, Malasia 1997 y Argentina 2001), dos Campeonatos Sudamericanos en la misma categoría (Chile 1997 y Argentina 1999) y meritoras actuaciones en la categoría Sub 17. Tras la renuncia de Marcelo Bielsa a la Selección Mayor en el 2004, se le ofreció el puesto a Pekerman.

En el 2005, el equipo nacional bajo su mando obtuvo la clasificación para la Copa del Mundo de Alemania 2006. En el Mundial propiamente dicho, la Selección llegó hasta la instancia de los cuartos de final, quedando en 6° lugar, donde fue eliminada en la tanda de penales por el local Alemania. Luego de la eliminación, José Pekerman renunció a su cargo.

Pellegrini, Manuel (Chile)

Como jugador (un recio zaguero central) hizo toda su carrera durante 1973 y 1986 en el Club Universidad de Chile. Como DT hizo una larga y exitosa carrera en su país.

Debutó en la misma Universidad de Chile (1987-1989), luego pasó por el Palestino (1990), por el Club Deportivo O'Higgins (1992/93) y por la Universidad Católica (1994/96), con la que obtuvo sus primeros títulos: la Copa Interamericana de 1994 y la Copa de Chile de 1995. En 1998 volvió a Palestino y luego pasó a Liga Universitaria de Quito (Ecuador), donde permaneció entre 1999 y el 2000, ganando la Liga ecuatoriana de 1999. En el 2001 pegó el salto a la Argentina donde dirigió a San Lorenzo de Almagro, equipo con el que obtuvo el Campeonato Clausura de 2001 y la Copa Mercosur del mismo año.

Luego firmó para River Plate (2002/03) donde también obtuvo el Campeonato Clausura 2003. Finalmente, Pellegrini fue a dirigir a la Liga española, más precisamente al Villarreal (del 2004 hasta la actualidad), donde fue prontamente reconocido. En ese año ganó la Copa Intertoto y en el siguiente llegó a la semifinal de la Copa UEFA. En 2006, alcanzó la misma instancia, esta vez en la Champions.

Actualmente sigue cosechando buenos resultados por lo que es considerado el mejor técnico chileno del momento. Pellegrini también dirigió la Selección chilena sub 20 (1990/91), y fue asistente de Arturo Salah en la Selección mayor en las Copas América de 1991 y 1993.

Sacchi, Arrigo (Italia)

Como jugador se movía en la defensa y comenzó su carrera en el Fusignano CF, equipo de su ciudad natal. En 1979 puso fin a su carrera como futbolista en el Bellaria y ese mismo año comenzó a trabajar como DT, entrenando a las categorías inferiores del Cesena Calcio donde permaneció hasta 1982.

En la temporada 1982-83 dirigió al Rimini Calcio Football Club y el año siguiente fichó por el Fiorentina para conducir los equipos juveniles. En 1984 vuelve al Rimini Calcio, equipo al que entrena durante una temporada. En 1985 es contratado por el Parma y es aquí donde consigue su primer éxito cuando lo asciende de la Serie B Italiana.

Finalmente, en 1987, llega al Milan donde vive sus mejores momentos como entrenador: en su primera temporada se proclamó Campeón de Liga y ganó la Supercopa de Italia. En los dos años siguientes ganó 6 trofeos internacionales: 2 Copas de Europa, 2 Copas Intercontinentales y 2 Supercopas de Europa.

· En 1991 fue llamado para hacerse cargo de la Selección italiana con la que consiguió el segundo puesto en el Mundial de Estados Unidos 1994, perdiendo la final en definición de penales ante Brasil.

En la temporada 96-97 vuelve a dirigir al Milan y en 1998 llega a la Liga española para entrenar al Atlético de Madrid, siendo despedido al poco tiempo.

En el 2000 vuelve a entrenar al Parma, pero a mitad de temporada abandona el club y empieza a trabajar de director deportivo en el club. Ver Ejemplo 10 (en página siguiente): El Milan de Arrigo Sacchi Modelo 1989

Scolari Luis Felipe (Brasil)

Admirador de Helenio Herrera, es un entrenador partidario de la disciplina, y del juego defensivo, agresivo y resultadista.

Como técnico ganó dos Copas Libertadores de América: una con el Gremio de Porto Alegre y otra con el Palmeiras (ambos de Brasil). También ganó con estos clubes una Liga brasilera, 1 Copa brasilera y 1 Copa Mercosur.

Scolari se hizo cargo de la Selección de Brasil en julio de 2001 y se consagró campeón en Japón-Corea 2002, cambiándole la fisonomía al tradicional fútbol de su país: cambió su juego "alegre" por uno más efectivo.

Luego de esta exitosa experiencia se hizo cargo de la Selección de Portugal a la que clasificó para el Mundial de Alemania 2006, donde obtuvo un meritorio cuarto puesto (manteniéndola invicta durante 16 partidos).

Se convirtió en el técnico que más partidos ganó con la Selección portuguesa con la que también fue subcampeón de la última Eurocopa (2004).

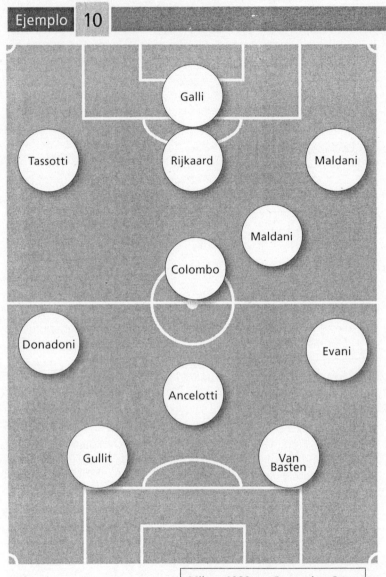

Ejemplo 10

Milan 1989 – Campeón Copa Europa e Intercontinental

Trapattoni, Giovanni (Italia)

Su carrera como técnico comenzó en 1976 en la Juventus, equipo al que ha dirigido durante 13 temporadas. En este club hizo una gran tarea (ganó seis Scudettos o torneos de Liga, una Copa Europa, una Copa Intercontinental y tres Copas UEFA) conformando la que sería la base de la Selección italiana de 1982 que ganó el Mundial de España. También ha entrenado por cinco años al Inter (con el que ganó un Scudetto y 1 Copa UEFA), por tres al Bayern Munich de Alemania (con el que ganó una Bundesliga y 1 Copa de Alemania), por dos a la Fiorentina y por uno al Benfica de Portugal. También fue entrenador de la Selección italiana, tarea que inició en el 2000, clasificando para la fase final del Mundial 2002 y para la Eurocopa 2004, pero quedando en ambos casos a mitad de camino. Pero como DT de la Selección italiana Sub 21 ganó tres Eurocopas.

Entre sus últimos éxitos se cuenta el título de Liga que consiguió con el Benfica, rompiendo una racha de once años sin campeonatos del club de Lisboa. En el 2006 trabajó como técnico del VFB Stuttgart de la Bundesliga alemana.

Van Gal, Louis (Holanda)

Como futbolista, se destacó en los años 70' en varios equipos de la Primera División holandesa (Ajax de Amsterdam y Telstar Beverwick) y del fútbol belga (FC Amberes). Sin embargo ha sido como entrenador cuando ha logrado mayor reconocimiento en el mundo del fútbol. Debutó con el buzo de DT en el Alkmaar de su país en 1986 y en 1991 llegó al Ajax al que dirigiría con éxito hasta 1996 (ganó 1 Copa Intercontinental en 1996, 1 Copa de Europa en 1995, 1 Copa UEFA en 1992 y 1 Supercopa de Europa en 1996. Además de 3 Ligas y 1 Copa de los Países Bajos). Luego pasaría al Barcelona para dirigirlo entre 1997 y 2000 y volver en las temporadas 2002/03 (con el Barça ganó 1 Supercopa de Europa en 1997, 2 Ligas españolas y 1 Copa del Rey). Luego de su paso por España volvería a dirigir al Ajax. En el 2000/01 fue DT de la Selección holandesa pero su relación con los dirigentes fue más que conflictiva por lo que las expectativas deporivas no se cumplieron.

Como entrenador se caracteriza por hacer unos planteamientos tácticos muy ofensivos. También se destaca su fuerte carácter y personalidad, que si bien le ha servido para dotar a sus equipos de un gran carácter ganador, también le ha costado numerosas críticas y problemas, tanto por parte de dirigentes como de futbolistas, de los medios de comunicación y de los aficionados, que lo catalogan como demasiado estricto, inflexible y agrio.

Veira, Héctor (Argentina)

Como jugador fue una de las figuras de "Los Carasucias" (histórica formación de San Lorenzo de Almagro de principios de los años 60´ donde el "Bambino" era la gran estrella). Jugó dos partidos para la Selección Nacional y fue un trotamundos que llevó su calidad técnica y su magnífica pegada a clubes de Brasil, México; España, Guatemala y Chile.

Comenzó su carrera de entrenador como ayudante de Carmelo Faraone en Ferro Carril Oeste, All Boys y Banfield. Como técnico principal comenzó con un breve interinato de tres partidos en San Lorenzo (1980) y luego pasó por Banfield (1981-1982). Volvió a San Lorenzo y logró el Subcampeonato del Metropolitano de 1983 y un año después pasó a dirigir a River Plate, donde viviría su época más exitosa como DT: ganó el Torneo 1985-86 y las Copas Libertadores e Intercontinental de ese último año. Luego ganó la Liguilla clasificatoria para la Copa Libertadores en 1988 con San Lorenzo. Posteriormente pasó por Vélez y por el Cádiz de España.

Entre sus últimos logros se cuentan haber obtenido el Torneo Clausura de 1995 con San Lorenzo, luego de que el club estuviera 21 años sin títulos. En 1997 pasó por Boca y en 1998 se hizo cargo de la Selección boliviana, pero una pobre campaña lo hizo renunciar. Ver Ejemplo 11 (página siguiente): el River del Bambino de 1986 Campeón de la Copa Intercontinental.

Zagallo, Mario "Lobo" (Brasil)

Como jugador, integró la Selección de Brasil que ganó los Mundiales de 1958 y 1962.

Como técnico comenzó su carrera en 1966 dirigiendo al Botafogo de su país. En 1970, llevó a su Selección a ganar el Mundial y en 1974 logró con la misma escuadra un cuarto puesto. También fue asistente de la Selección campeona de Estados Unidos 1994 (Parreira era el técnico principal) y volvió como DT titular en el Brasil que alcanzó la final del Mundial 1998, que perdió con Francia, el equipo local. Finalmente, en el Mundial del 2006 volvió a actuar como asistente de la Selección de su país. Además, como entrenador de la Selección brasilera ganó la Copa América de 1994 y la Copa Confederaciones de 1997.

Zagallo también fue técnico de la Selección de los Emiratos Árabes Unidos a la que llevó a clasificar por primera vez en la historia para un Mundial (Italia 1990), entrenando posteriormente las Selecciones de Kuwait y Arabia Saudita.

Como DT de clubes de su país, salió campeón con el Botafogo en los Torneos de 1967 y 1968, con el Fluminense en 1971 y con el Flamengo en 1972. El "Lobo" es el mayor ganador de títulos de Brasil si sumamos los que obtuvo como jugador y como técnico.

Notas:

36. Roberto Fontarrosa. *No te vayas campeón.* Op. cit

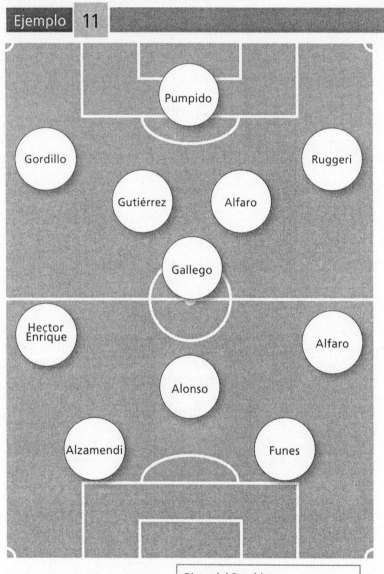

River del Bambino
1986: Campeón de la Copa
Intercontinental

Palabras finales: El tercer tiempo

Ya la inesperada derrota o el ansiado triunfo son un resultado sellado. Atrás quedaron los gritos, los sofocones. La adrenalina va retomando sus niveles habituales y vuelven a abrirse las duchas. Noventa minutos más son historia y los jugadores van entrando al vestuario de uno en uno, exultantes o cabizbajos según les corresponda el resultado.

Estimado lector, ya te has estrenado el buzo de DT y eres consciente de que así como aprieta también puede abrigar verdaderas satisfacciones. Has pasado por la experiencia más apasionante de los últimos tiempos. Las presentes páginas te habrán entregado una imagen cabal del tipo de Director que puedes ser: ya sabes a ciencia cierta si estás capacitado para mantener un grupo motivado, unido, bien informado y coordinado. Ya debes intuir si tienes muñeca suficiente como para apagar principios de incendios entre los tuyos.

Las herramientas están a la vista: qué puedes hacer cuando llegan las derrotas, cuando el equipo se aburguesa, cuando los triunfos emborrachan. Puedes volver a estas páginas cuando quieras, allí están las palabras de los verdaderos autorizados: Carlos Bianchi, Daniel Passarella, José Pekerman, Alfio Basile, Marcelo Lippi, una lista interminable de verdaderos ganadores y líderes, maestros en el arte de llevar equipos a buen puerto.

Ya vas intuyendo también qué clase de Director eres: de los cautelosos, de los arriesgados, de los mezquinos, de los disciplinados, de los flexibles. Ya sabes qué hacer con los talentosos de tu equipo, ya tienes las herramientas para hacer una precisa Selección, y sabes la importancia de tener el mejor en cada puesto.

Te habrás echo una idea cabal de qué clase de equipo te gustaría dirigir. Sabes ya de la verdadera diferencia entre un equipo y un grupo de trabajo. Has aprendido el valor del reconocimiento, la importancia de los líderes dentro del equipo, lo imprescindible que resulta no subestimar al rival.

En tus manos están estas nuevas herramientas, capaces de transformar tu idea de una organización eficaz: nunca hubieras pensado que el fútbol —ese deporte que ocupa todos tus ratos de ocio— estaba esperándote con tantas respuestas.

Puedes haber fallado en el primer intento pero eso no es el fracaso. Puedes volver a empezar, todo el tiempo los negocios dan revancha así como da revancha cada domingo el fútbol. Aquí tienes estas páginas para volver a leer y releer cuantas veces quieras.

¿Qué esperas? El estadio ruge y se da inicio a un nuevo desafío. Un desafío que nos hace acordar que estamos vivos.

Bibliografía de consulta

Enciclopedia Los grandes clubes del fútbol Mundial. Universo Editora S.A. Madrid, (sin mención de año de edición).

Diccionario Enciclopédico del Fútbol. Diario Deportivo Olé. Buenos Aires, 2000.

La historia oficial de las Copas del Mundo. Sin mención de autor. Editorial Perfil, Buenos Aires, 2006.

Fontanarrosa, Roberto. *No te vayas campeón. Equipos memorables del fútbol argentino.* Editorial Sudamericana. Buenos Aires. 2000.

Galeano, Eduardo. *El Fútbol a sol y sombra,* Catálogos, Buenos Aires, 2000.

Lorenzo, Juan Carlos y Castelli, Jorge. *El fútbol en un mundo de cambios,* Editorial Freeland, Buenos Aires, 1977.

Macaya Márquez, Enrique. *Mi visión del fútbol.* Grupo Editorial Temas, Buenos Aires, 1996.

Perfumo, Roberto. *Jugar al fútbol.* Colección Los Maestros. Perfil libros, Buenos Aires, 1997.

Sacheri, Eduardo. *Esperándolo a Tito.* Editorial Galerna, Buenos Aires, 2000.

Valdano, Jorge. *El miedo escénico y otras hierbas.* Editorial Aguilar, Buenos Aires, 2003

Índice